言志四録

GENSHISHIROKU

［現代語抄訳］

佐藤一斎［著］
岬龍一郎［編訳］

PHP

編訳者まえがき

●――『言志四録』は指導者《リーダー》のための聖書《バイブル》

少《しょう》にして学《まな》べば、則《すなわ》ち壮《そう》にして為《な》すこと有《あ》り。
壮《そう》にして学《まな》べば、則《すなわ》ち老《お》いて衰《おとろ》えず。
老《お》いて学《まな》べば、則《すなわ》ち死《し》して朽《く》ちず。

（『言志晩録』第六〇条）

佐藤一斎の『言志四録』といえば、誰もが知っている「三学戒」の名文句である。とくに平成十三年五月、小泉首相が教育関連法案を衆議院で論議している中で述べてから、いっそう有名になった。人間が学問し、精進し、さらに学問を重ねれば、一生のそれぞれの季節で花が開くことを教えてくれる。「学問の力」をこれほど端的に表した言葉はない。

ところで、この「三学戒」の言葉を知っている人でも、「では、その著作者である佐藤一斎を知っているか」と問われたら、おそらく多くの人は「ノー」と答えるだろう。無理もない。じつは、かつて小泉首相が、当時、外務大臣をしていた田中真紀子氏の、あまりなる言動を諫めるために、佐藤一斎の『重職心得箇条』をプレゼントしたことがあった。このとき彼女は「こんな江戸時代のカビの生えた話など要らないわよ」と言い放ったそうだが、おそらく彼女は佐藤一斎のみならず、『言志四録』など読んだこともなかったのであろう。

『言志四録』を一度でも読んでいれば、とてもじゃないが、こんなセリフは恥ずかしくて吐けないはずだ。なぜならこの本は、志を立て、自分の運命を切り開き、世のため人のために尽くさんとする〝指導者《リーダー》のための聖書《バイブル》〟といわれている本だからである。

子どもたちが本を読まなくなったといわれてから久しいが、一国を代表する外務大臣がこのような無教養さなのだから、子どもを責めるわけにはいかない。それは子どもが悪いわけではなく、現在の大人たちが本を読まなくなったということなのである。

今日の日本人の精神が、どこかひ弱になり、それとともに国家も社会も元気がなくなり、倫理・道徳は地に墜ちたといわれる原因は、じつはこうした日本人のバックボーンを培ってきた古典としての思想書が読み継がれなくなったからではないのか、と私は思っている。正統なる日本人の精神文化が伝承されていないということは、とりもなおさず日本人が日本人であることを忘れてしまっているのである。

●――佐藤一斎とは何者か

では、佐藤一斎とは何者か。

この人は、田沼意次が老中に就任した安永元年(一七七二年)に、美濃(いまの岐阜県)岩村藩家老・佐藤信由《のぶよし》の子として、江戸藩邸で生まれた。佐藤家は曾祖父の周軒の代から儒学をもって藩政に加わり、その影響で一斎も幼少のときから聖賢の経書(中国の思想家の本)に親しんだ。

一斎は十九歳のとき、藩主の三男(松平乗保《のりやす》)の近侍となってともに儒学を学んだ。この若殿はのちに林家(幕府儒官の家系)の養子となり、大学頭・林述斎《じゅっさい》を名のり、一斎の師として深い関わりを持つようになる。

二十歳のとき、一斎は藩主に願い出て藩士を辞めて、大坂へ行った。そこで易学の大家であった間大業《はざまたいぎょう》、大坂朱子学の泰斗・中井竹山《なかいちくざん》、京都の皆川淇園《きえん》らに学び見聞を広めた。

二十二歳で江戸に戻り、大学頭・林簡順《かんじゅん》(述斎の養父)の門をたたき、儒学で身を立てることを決意。そして三十四歳のとき、この林家の塾長に抜擢された。

天保十二年(一八四一年)、一斎が七十歳のとき、大学頭だった林述斎が七十四歳で没したため、そのあとを受けて昌平黌《しょうへいこう》の儒官となった。いまでいえば東京大学総長の立場である。

それから十八年間、明治が誕生する九年前の安政六年（一八五九年）九月、八十八歳で亡くなるまで、泰山北斗と称される学界の最高権威として、有意の青年たちに計り知れない思想的感化を与えたのである。ペリー再来航の際は日米和親条約の外交文書の作成にも関わっている。

驚くべきは、その門下生たちである。その数六〇〇〇人ともいわれているが、一斎先生は、幕府の儒官だったから本来は朱子学専門であるが、その広い見識は陽明学まで及び、仲間たちから「陽朱陰王《ようしゅいんおう》」の別名をいただいたほどで、その両方から英傑が現れている。

朱子学系では安積艮斎《あさかごんさい》、大橋訥庵《とつあん》、中村正直（敬宇）などがおり、陽明学系には佐久間象山、山田方谷《ほうこく》、横井小楠、渡辺崋山らがいる。その高弟うち、幕末の先覚者といわれる佐久間象山門下からは勝海舟、吉田松陰、小林虎三郎（「米百俵」で知られる）らが輩出する。また長岡の〝蒼龍〟と呼ばれた河井継之助は山田方谷の弟子である。

一方、吉田松陰の「松下村塾」からは高杉晋作、久坂玄瑞、伊藤博文、山県有朋ら維新回天の志士たちが登場した（左図参考）。

だが、それにもまして特筆すべきは、維新の英傑である西郷隆盛が、この『言志四録』

を座右の銘として愛誦し、その中から一〇一条を選んで『南州手抄言志録』として残したことである（「編訳者あとがき」参考）。

一斎先生は、幕末維新の激動期、すでに老齢であったから、直接に動いた様子はない。しかしながら、この一斎先生の全精魂が込められた『言志四録』は、彼ら維新の志士たち

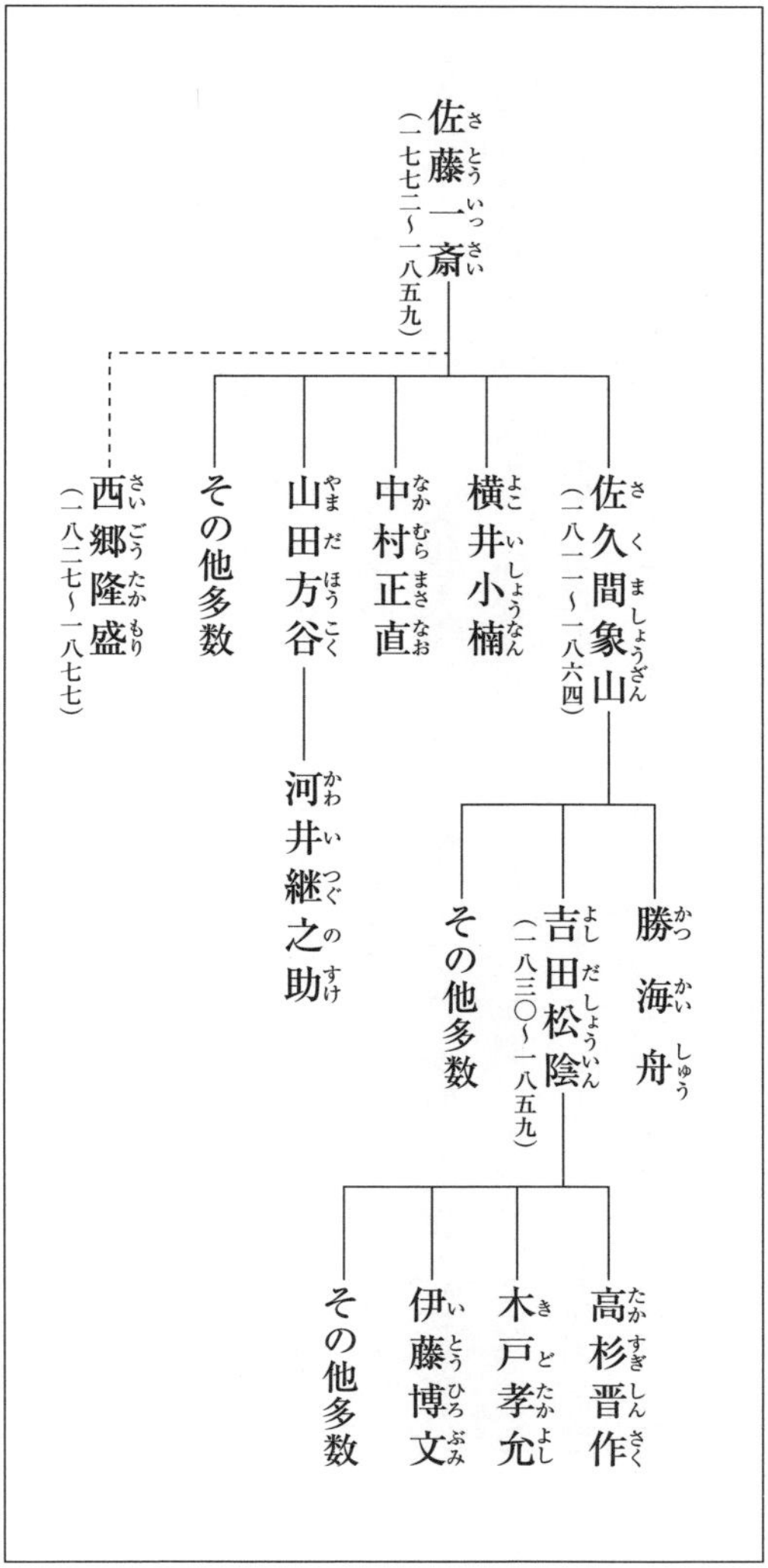

に「志とは何か」「武士の天分とは何か」を教え、近代日本を切り開くための、原動力となった一冊だったといえよう。

●――『言志四録』の構成

次に、『言志四録』という呼び名だが、これは『言志録』『言志後録』『言志晩録』『言志耋録《てつろく》』の四書を総称した名称である。それぞれの執筆年齢、期間は次のとおり。

『言志録』――全二四六条。文化十年（一八一三年）、一斎先生四十二歳のときから、五十三歳の文政七年（一八二四年）に刊行されるまで、約十余年間に書かれたものである。

『言志後録』――全二五五条。文政十一年（一八二八年）、一斎先生五十七歳のときから、およそ十年間に書かれたものである。次の晩録とともに嘉永三年（一八五〇年）に出版された。

『言志晩録』――全二九二条。天保九年（一八三八年）、一斎先生六十七歳のときから、嘉永二年（一八四九年）の七十八歳まで、およそ十二年間に書かれたものである。

『言志耋録』――全三四〇条。嘉永四年（一八五一年）、一斎先生八十歳のときから、嘉永六年（一八五三年）に刊行されるまでの二年間に書かれたものである。耋録の耋とは「老いる」の意味である。

以上、総数一一三三条。一斎先生の円熟した後半生、四十年間に及ぶ箴言録である。総数が多いので、毎日書いていたように思われるが、十年に平均三〇〇条ということは、一年に三〇条、月にすると二・五条となる。しかも原文は漢文であり、一条といっても二、三行程度のものが大部分なので、現在の四〇〇字詰原稿用紙にすると、月に半枚、年に五、六枚といったところである。逆にいうなら、『言志四録』の一条一条は、一斎先生の心血が注がれた一文だったということになる。不朽の名著は不尽の努力の賜といえる。

ちなみに、書名となった「言志」の出典は明らかではないが、『論語』公治長篇に出てくる次の下りからとったといわれているので、参考までに現代文で記しておく。

《顔淵と子路（季路）が孔子のそばにいたとき、孔子がいった。

「自分たちの志とするところを話してみないか」

と。二人はそれぞれの志を述べた。いい終わって子路が孔子に向かって、

「願わくば、先生の志を教えてください」

といった。

孔子は「老人には安心されるように、友達には信じられるように、若者には慕われるようになることだ」といわれた》

人は環境によってつくられるが、その環境をよいほうへと変えていくのは、志を持った

人間である。志のある人は、みずからを切り開き、よき師、よき友に恵まれ、そして学び、励まされ、一度しかない人生を有意義に創造していく。人生をよくするのも悪くするのも、この志次第であることを、この『言志四録』は十分に教えてくれるはずだ。

平成十七年四月吉日

岬　龍一郎

［現代語抄訳］

言志四録――目次

現代語訳にあたって

一　本書の底本は、佐藤一斎／川上正光全訳注『言志四録』全四巻（講談社学術文庫）、佐藤一斎著・久須本文雄訳注『言志四録・上下』（講談社）によった。

二　抄録にあたっては◈で示し、そのうち、西郷隆盛の『南州手抄言志録』（山田済斎編『西郷南洲遺訓』〈岩波文庫〉に所収）に含まれているものは◇で印した。

三　最初に現代語訳文（太字）、その次に原文の書き下し文（小字）を書き、原漢文は省略した。

I

言志録

文化十年（一八一三年）、一斎先生四十二歳から書き起こし、文政七年（一八二四年）の五十三歳まで、二四六条を記す。

最も優れた人は天を師とし、次に優れた人は聖人を師とし、その次に優れた人は書物を師とする。

◆第二条　太上《たいじょう》は天を師《し》とし、其《そ》の次は人を師とし、其の次は経《けい》を師とす。

天とは、「自然こそ最良の師である」というところの自然そして宇宙の真理のことをいう。あるいはキリスト教でいうところの創造主（神）と考えてもよい。夏目漱石の「則天《そくてん》去私《きょし》」（自我を棄てて天に従う）と同じ「天」である。つまり宇宙自然の公理は公平普遍なので、優れた人は天を師として教えを受け、次に聖人、書物となる。もちろん聖人・書物からの学びも重要であるが、そこには人それぞれの好き嫌いがあり、万人の師とはいいがたいからだ。

仕事をする場合は、天に仕えるといった謙虚な気持ちで行うのが大事で、人に自慢しようといった気持ちがあってはならない。

◆第三条　凡《およ》そ事を作《な》すには、須《すべか》らく天に事《つか》うるの心有るを要《よう》すべし。人に示《しめ》すの念《ねん》有るを要《よう》せず。

『南州翁遺訓』の「人を相手にせず、天を相手にせよ。天を相手にして己を尽くして、人を咎《とが》めず、我が誠の足らざるを尋ぬべし」という名文句は、ここからとったようだが、「我が誠の足らざるを尋ぬべし」というのがいい。全責任を自分でとる謙譲の精神である。たしかに天を相手にすれば、人に頼るわけにもいかず、人に頼らなければ怨むことも咎めることもない。ただただ自分の努力の至らなさを痛感するのみだ。

発憤の「憤《ふん》」の一字こそ学問向上の大本《おおもと》である。孔子の高弟・顔淵《がんえん》が「あの理想の皇帝とあがめられた舜《しゅん》王も、われわれと同じ人間ではないか。志さえしっかり持っていれば誰でも舜王のようになれるのだ」といったのも、まさに発憤したからである。

◆第五条　憤《ふん》の一字は、是《こ》れ進学《しんがく》の機関なり。舜何人《しゅんなんぴと》ぞや、予《われ》何人ぞやとは、方《まさ》に是《こ》れ憤《ふん》なり。

明治の実業家、安田善次郎と浅野総一郎は、読本《よみほん》の『太閤記』を読んだから青雲の志を立てたという。二人とも百姓から天下人となった木下藤吉郎に刺激されて、「彼も人なり、我も人なり」と世に出たのである。偉人伝のよさは子どもたちに「負けてなるものか」と、発憤の材料を提供することである。発憤こそ志のエネルギーということだ。

学問をするには、志を立て、これを達成するためには心を奮い立たせることが大事である。しかも、その志は人からいわれてやるのではなく、自分の本心から出たものでなければならない。

◆第六条　学は立志《りっし》より要なるは莫《な》し。而《しこう》して立志も亦之《またこ》れを強《し》うるに非《あ》らず。只《た》だ本心《ほんしん》の好《この》む所《ところ》に従《したが》うのみ。

なぜ勉強をするのか。「いい大学に入りたいから」と思う人と、「○○になりたいから」と思う人では、おのずと志が違ってくる。単にいい大学に入りたい人は「いい就職口」を求めての見栄体裁の類だが、○○になりたいと強く思っている人は、そこに信念が生まれ、大学の学問はその過程にすぎず、それからの人生の生き方も変わってくる。

志を立てて成功するには、恥をかくことが肝心である。

◆第七条　立志《りっし》の功《こう》は、恥《はじ》を知るを以て要《よう》と為《な》す。

西洋の諺に「青春の失敗は、壮年の勝利、老年の成功よりも好ましい」というのがあるが、失敗は青春の特権である。若いときは、何度失敗してもやり直しがきくし、それは成功の糧《かて》となる。一度も失敗や挫折感を味わわずに成長すると、傲慢な人間となり、年を取ってからそれが致命傷となり、大失敗の元となる。麦は踏まれて強くなり、福寿草は踏まれてきれいな花を咲かせる。人もまた恥の概念があるからこそ、恥をかかないように頑張るのである。屈辱も発憤の材料ということ。

君子とは、人として立派な徳のある人をいう。昔はそれに応じた高い地位があり、徳の高低によって地位も尊厳も区別がなされていた。だが、後世になって、徳がない人でも高い位に就く人が出てきたため、君子という言葉も、地位が高いというだけでそう呼ぶようになった。今日の君子諸君よ、実質が伴わないで、君子という虚名をおかしているのを、恥だと思わないのか。

◆第九条
君子《くんし》とは有徳《ゆうとく》の称《しょう》なり。其の徳有れば、則《すなわ》ち其の位《くらい》有り。徳の高下《こうげ》を視《み》て、位《くらい》の崇卑《すうひ》を為《な》す。叔世《しゅくせ》に及《およ》んで其の徳無《な》くして、其の位に居《お》る者有れば、則《すなわ》ち君子《くんし》も亦遂《またつい》に専《もっぱ》ら在位《ざいい》に就《つ》いて之《これ》を称《しょう》する者有り。今の君子《くんし》、盍《なん》ぞ虚《きょ》名《めい》を冒《おか》すの恥《はじ》たるを知らざる。

普段、バカな奴らだと悪口をいっていても、直接「○○大臣」とか「○○教授」などと刷り込まれた名刺を渡されると、誰もが感心した顔をする。どうも凡人は肩書に弱い。だが、「直木賞候補作家」という肩書（?）の名刺を見せられたときには、さすがに笑ってしまった。能ある鷹は爪を隠すように、本当の実力がある者は、名刺などに、これ見よがしの肩書などつけない。それは恥を知っているからだ。

人は誰も次のことを反省し考察してみる必要がある。「天はなぜ自分をこの世に生み出したのか。何をさせようとしているのか。身は天から授かったものなのだから、必ずや天職というものがあるはずだ。だから、この天職を果たさなければ天罰を受けることになる」と。ここまで反省し、深く考えてくると、漫然とこの世に生きているだけではダメだと思うはずだ。

◆第一〇条　人は須《すべか》らく自《みずか》らを省察《せいさつ》すべし。「天何《てんなん》の故にか我が身《み》を生出《うみいだ》し、我れをして果して何《なん》の用にか供《きょう》せしむる。我れ既《すで》に天の物《もの》なれば、必《かなら》ず天の役《やく》あり。天の役共《きょう》せずんば、天の咎《とが》必《かなら》ず至《いた》らむ」。省察《せいさつ》して此《ここ》に到《いた》れば則《すなわ》ち我が身《み》の苟《いやし》くも生《い》く可《べ》からざるを知《し》らむ。

人がこの世で生きるということは、「仕事」をもって社会と接し、生活を営むということである。「仕」も「事」も「つかえる」と読み、「天に仕える」ことを意味する。ゆえに自分に最も適した職業を「天職」という。福沢諭吉も「世の中でいちばん楽しく立派なことは一生を貫く仕事を持つことである」といっているように、天職を持ちえた人は幸福な人だといえる。

では、その天命による「天職」とは何か。突き詰めれば、仕事を通して、自分だけ儲かればよいという私心を捨て、世のため人のために尽くすということであろう。『論語』は「命《めい》を知らざれば、以て君子たることなきなり」（いまだ何のために生まれたか知らない者は、一角の人物にはなりえない）といっている。

はかりは物の重さを量ることはできるが、自分の重さをはかることはできない。物差しは物の長さを測ることはできるが、自分の長さをはかることはできない。

だが人間の心は、他人の善悪を定めることができ、自分の心の善悪を知ることができる。これが人間の心の霊妙なところである。

◆第一一条　権《けん》は能《よ》く物《もの》を軽重《けいちょう》すれども、而《しか》も自《みずか》ら其の軽重を定むること能《あた》わず。度《ど》は能く物を長短《ちょうたん》すれども、而《しか》も自ら其の長短《ちょうたん》を度《はか》ること能《あた》わず。心《こころ》は則《すなわ》ち能く物を是非《ぜひ》して、而も又《また》自ら其の是非《ぜひ》を知る。是《こ》れ至霊《しれい》たる所以《ゆえん》なる歟《か》。

一斎先生はそうおっしゃるが、他人の善悪ならまだしも、自分の心の善悪を知ることはなかなか難しい。凡人は自分の悪徳となると、それを隠すか、虚飾でごまかそうとする。その判断を知るために修養の必要があるのだが、とかく凡人は自分の心に対しては甘くなる。あの良寛和尚ですら、「心こそ　心惑わす心なれ　心の駒の　手綱ゆるすな」と詠《うた》うのである。

他人の善行を見習って自分のものにしようという心があるのならば、父兄、師友（先生や友人）の言葉を素直に聞くことが少ないことを心配する。また読書にしても、なるべく多くの本を読まないわけにはいかないだろう。聖人・賢者がいわれた「多聞多見《たもんたけん》」の真の意味とは、

このことである。

◆第一四条　吾既《われすで》に善《ぜん》を資《と》るの心《こころ》有れば、父兄師友《ふけいしゆう》の言《げん》、唯《た》だ聞くことの多《おお》からざるを恐《おそ》る。読書に至《いた》っても亦多《またおお》からざるを得《え》んや。聖賢《せいけん》云《い》う所《ところ》の多聞多見《たもんたけん》とは、意《い》正《まさ》に此《か》くの如《ごと》し。

「われ以外はみな師である」といって、見聞するすべてのものから知識を得て、作家となったのが『宮本武蔵』を書いた吉川英治である。吉川は尋常小学校中退であったが、子どものころから本が好きで、ある印刷工場に勤めていたときは、そこにあった百科事典を五十回も読んだという。作家となってからのことだが、高級料亭で文壇仲間と食事をした。メニューに「強魚」というのがあったが、誰も読めない。すると吉川が「これはシイザカナと読んで、お腹にたまらないものだから、ムシカレイか何か出てくるんじゃないか」というと、案の定ムシカレイが出てきた。吉川以外はみな大学出であったが、小学校中退の吉川のほうが博学だったのである。これこそ「多聞多見」の賜といえる。学問とは「教わる」ものではなく、学ぼうとする意志である。

心静かにして、自然が生み出す草花の様子を見ていると、少しの無理もなく、強いてやってやろうという気構えがまったくない。

◆第一七条　静に造花《ぞうか》の跡《あと》を観《み》るに、皆《み》な其《そ》の事無《ことな》き所《ところ》に行《おこな》わる。

老子は、これを「無為自然」と名づけ、その極意を「上善《じょうぜん》は水の如《ごと》し。水は万物を利して争わず、衆人の悪《にく》む所に居《い》る」と説いた。上善とは老子のいう理想的な生き方のことで、すなわち水は丸い器に入れれば丸くなり、四角い器に入れれば四角になる。万物に恩恵を与えながらも、少しも気負ったところがなく、つねに低いところに位置する。そのあり方はきわめて柔軟で謙虚。一見、主体性がないように見えるが、急流ともなれば岩をも押し流す強固な意志を奥に秘めている。何もしていないように見えながら万物をうるおし、おごることも高ぶることもなく、時に応じては水蒸気となり氷となり、その姿は臨機応変、自由自在である、と。

だいたい大言壮語する者にろくな奴はいないし、格好ばかり勇ましい者は自信のない証拠である。「無為にして化す」(何もしないで感化する)、これこそ最高の君子なのである。

頭が冷静であれば判断も正しく、背が暖かければ強烈に人を動かし、胸にわだかまりがなく素直であれば、人を受け入れることができ、腹が据わっていれば物事に動じることはない。

◆第一九条　面《おもて》は冷《れい》ならんことを欲し、背《せ》は煖《だん》ならんことを欲し、胸《むね》は虚《きょ》ならんことを欲し、腹《はら》は実《じつ》ならんことを欲す。

できた人のことを「知情意のバランスがとれている」というが、知とは知性（頭）、情とは感情（心）、意とは意志（腹）のことである。聖学はここを目指す。

人の心がすべて顔に集中していると、外部のものに心を奪われて、間違った行動をしがちになる。だから、心を引き締め、これを背中に住まわせて、判断を誤らないようにすべきである。私欲を忘れた自分になれば、外のものに惑わされない真実の自分となる。

◆第二〇条　人の精神尽《ことごと》く面《おもて》に在《あ》れば、物《もの》を逐《お》いて妄動《もうどう》することを免《まぬが》れず。須《すべか》らく精神を収斂《しゅうれん》して、諸《こ》れを背《せ》に棲《す》ましむべし。方《まさ》に能《よ》く其の身を忘《わす》れて、身真《みしん》に吾《わ》が有《ゆう》と為《な》らん。

人の心は見えないと思われているが、実際のところは十分見えている。心は意志となり、その意志は顔に表れ、とくに目は口ほどにものをいうほどその心を表す。だから「顔つき・目つき」という言葉があり、「顔相」という占いがあるのである。

『七人の侍』や『羅生門』の映画をつくった黒澤明監督が、晩年、時代劇から遠ざかったとき、ある人が「なぜ、最近は時代劇を撮らないのか」と聞いたところ、こんな返事が返ってきた。「ごらんのとおり、いまの役者には引き締まったサムライの顔というのがいません。男優はみんな幼稚な顔になり、女優はみんなどこか媚を売る娼婦の顔になっている」と。そういわれてみれば、役者のみならず、政治家も官僚も大企業の社長も昔の人と比べてみんな卑しい顔になった。

心につまらない雑多な考えが起こってくるのは、外部のことに気を取られて心が乱れているからだ。つねに平素から、精神を剣のように研ぎ澄まして、一切の誘惑を排除し、絶対に腹の中に襲い込ませないようにしていれば、おのずとさっぱりした気分になる。

◆第二二条　間思雑慮《かんしざつりょ》の紛紛《ふんぷん》擾擾《じょうじょう》たるは、外物《がいぶつ》之を溷《みだ》すに由《よ》るなり。常に志気《しき》をして剣《つるぎ》の如くにして、一切《さい》の外誘《がいゆう》を駆除《くじょ》し、敢《あえ》て肚裏《とり》に襲《おそ》い近づかざらしめば、自《おのずか》ら浄潔快豁《じょうけつかいかつ》なるを覚《おぼ》えむ。

「甘い話には乗るな」といわれながら、相も変わらず悪徳商法に引っかかる人は多い。筆者の場合、「絶対に儲かりますよ」という誘いには、「だったら、あなたが買えばいいではないか」ということにしている。だが、サラリーマン諸氏が体のいいリストラとも知らず、「ある会社があなたの才能を欲しがっています」とヘッドハンティングされると、ついその気にさせられてしまうのは、身の程知らずの誘惑に弱いことの裏返しである。それゆえにソクラテスは「汝自身を知れ」といい、王陽明は「山中の賊を破るは易く、心中の賊を破るは難し」と説くのである。騙すも騙されるも五分五分と思うべし。

実力もないのに名誉を求めるのは邪心である。だが、当然受けるべき名誉を避けるのも邪心である。

◆第二五条　名《な》を求むるに心有《あ》るは、固《もと》より非《ひ》なり。名を避《さ》くるに心有るも亦《また》非《ひ》なり。

元関西電力会長の葦原義重は、勲一等を授与されたとき、受けるべきか断るべきかと悩んだ。「大人のワッペン」など欲しくない。だが、断れば、いままでもらった連中への当てこすりになる。このとき『言志四録』のこの条を見て、「名を求める」のも「名を避くる」もともに私心、ならばと恬淡《てんたん》たる気持ちで、素直に受け取ったという。

真の大志ある者は、小さな事柄もおろそかにしないでよく勤め、真に遠大な志のある者は、些細なことでもゆるがせにしない。

◆第二七条　真《しん》に大志《だいし》有る者は、克《よ》く小物《しょうぶつ》を勤《つと》め、真に遠慮《えんりょ》有る者は、細事《さいじ》を忽《ゆるがせ》にせず。

「千条の堤も蟻の一穴より崩れる」（『韓非子』）との言葉がある。中国・魏の宰相白圭が「ごく些細な手抜かりから取り返しがつかない大事に至る」と、堤の蟻の穴をふさがせたことから出た言葉である。大事の原因は、本を正せば小さなことから起こっているものも、目先のことや大きなことばかり気にする人は、それに気づかない。「凡事徹底」という言葉もあるように、小さな約束事や日常の挨拶を守れない人に大きなことを成すことはできない。

自分を厳しく責める人は、人を責めるときも厳しい。人に思いやりのある人は、自分に対しても寛容である。しかし、これはいずれも厳か寛に偏っている。立派な人は、自分を責めるのは厳しいが、人を責める場合は寛容である。

◆第三〇条

自《みずか》ら責《せ》むること厳《げん》なる者は、人を責むることも亦《また》厳なり。人を恕《じょ》すること寛《かん》なる者は、自ら恕することも亦寛なり。皆《みな》一偏《ぺん》たるを免《まぬが》れず。君子《くんし》は則《すなわ》ち躬《み》自ら厚《あつ》うして、薄く人を責《せ》む。

部下が失敗した場合、上司面して怒っている人がいるが、すんでしまったことをいまさら怒っても無駄である。失敗の分析は必要だが、それよりも、まずは自分の指示や手配に落ち度はなかったかを反省し、そのうえで相手の自尊心を傷つけないように叱ることだ。リーダーで最も下等な人は、自分の責任を棚に上げ、上司面して部下をこれ見よがしに怒る人である。人を活かす愛のある叱り方をしないようでは上司の資格はない。

いまどきの人は、口を開けば忙しいという。しかし、実際に必要なことをしているのは、十の中《うち》の一か二である。やらなくていい仕事が十のうち八か九、しかも、やらなくてよい仕事を必要な仕事と思っているのだから、これでは忙しいのも当然である。本当の大事を志す人は、このような無駄な考えに陥ってはならない。

◆第三一条　今人《こんじん》率《おおむ》ね口に多忙《たぼう》を説《と》く。其の為《な》す所を視《み》るに、実事《じつじ》を整頓《せいとん》するもの十に一二。閑事《かんじ》を料理《りょうり》するもの十に八九、又《また》閑事を認めて以て実事《じつじ》と為《な》す。宜《うべ》なり其の多忙なるや。志《こころざし》有る者誤《あやま》って此窠《このか》を踏《ふ》むこと勿《なか》れ。

いつも赤字が出ている店があった。店長を呼んで「キミは何をしているのだ」と聞くと、「私は毎日、トイレ掃除をピカピカになるまでやってます」と自慢げにいう。「店を繁盛させるように考えるのが店長の役目であって、そんなことは新入社員にやらせればいいではないか」というと、「研修の講師からトイレ掃除は繁盛店の第一歩と教わりました」と平然という。何が大切で、いま何をしなければならないかをわかっている者は、上役でも意外と少ない。

立派な人になろうとの強い志を立てて、それを達成しようとするなら、薪を運び、水を運んでも学びに通じる。ましてや、書物を読み、事の道理を知ろうと、それに集中するなら、目的を達成しないほうがおかしい。だが、志が立っていなければ、終日読書しても無駄に終わることになる。だから、立派な人になるには、なによりも志を確立するこ

とが大切である。

◆第三二条
緊《きび》しく此《こ》の志《こころざし》を立てて以て之を求めば、薪《たきぎ》を搬《はこ》び水を運ぶと雖《いえど》も、亦是《またこ》れ学《がく》の在《あ》る所なり。況《いわん》や書を読み理《り》を窮《きわ》むるをや。志の立たざれば、終日《しゅうじつ》読書《どくしょ》に従事《じゅうじ》するとも、亦唯《またた》だ是《こ》れ閑事《かんじ》のみ。故に学を為《な》すは志を立つるより尚《かみ》なるは莫《な》し。

「志ある者は事ついに成る」（『後漢書』）との言葉があるように、志を立てることはすべての始まりである。司馬遼太郎の名作『峠』の中に、この志に触れたところがあるので紹介しておく。

「その志の高さ、低さによって、男の価値はきまる。……志は塩のように溶けやすい。男子の生涯の苦渋というものは、その志の高さをいかに守りぬくかということにあり、それを守りぬく工夫は格別なものではなく、日常茶飯の自己規律にある。箸のあげおろしにも自分の仕方がなければならぬ。物のいい方、人とのつきあいかた、息の吸い方、息の吐き方、酒ののみ方、あそび方、ふざけ方、すべてにその志をまもるがための工夫によってつらぬかれておらねばならぬ」

かくして主人公・河井継之助は生まれたのである。

度量があって、人を受け入れるのは美徳である。だが、その場合、善と悪があって、善を受け入れるのはよいが、悪を受け入れるのはよくない。

◆第三五条　物を容《い》るるは美徳《びとく》なり。然《しか》れども亦明暗《またためいあん》あり。

人間の度量の大きさを示す言葉に「善悪併《あわ》せのむ」というのがあるが、一斎先生もいわれるように、私もこの俗語には反対である。やはり、悪は捨てて清廉に生きたいものだ。

人のいうことは、よく聞いてから、そのあとに、その善悪を選択すべきである。最初から断ってはいけない。また断るときは、確固たる自分の考えを持って、その言に惑わされてはいけない。

◆第三六条　人の言は須《すべか》らく容《い》れて之《これ》を択《えら》ぶべし。拒《こば》む可《べ》からず。又惑《またまど》う可からず。

金持ちとか身分が高いとかは、たとえていえば春や夏のようなもので、人の心をとかす。貧乏や地位が低いことは、秋や冬のようなもので、人の心を引き締める。そのため富貴になるとその志を弱くし、貧しさや地位の低さはその志を強固にする。

◆第四一条　富貴《ふうき》は譬《たと》えば則《すなわ》ち春夏《しゅんか》なり。人の心をして蕩《とう》せしむ。貧賤《ひんせん》は譬《たと》えば則ち秋冬《しゅうとう》なり。人の心をして粛《しゅく》ならしむ。故に人富貴に於《おい》ては則ち其の志《こころざし》を溺《おぼ》らし、貧賤《ひんせん》に於ては則ち其の志《こころざし》を堅《かた》うす。

「富は若者にとって災いであり、貧乏は若者にとって幸いである」。貧しい身からアメリカの大富豪となったカーネギーの『富の福音』にある言葉だ。もしカーネギーが裕福な青年時代を過ごしていたら、金持ちにはならなかったであろうとの彼自身の体験談である。熊沢蕃山も『集義和書《しゅうぎわしょ》』の中で「貧は世界の福の神」といわせている。貧しく身分もないから、人は発憤して偉くなろうと努力するのだし、発憤の材料になれば、貧乏は実のところ福の神だというのだ。たしかに、春や夏のような陽気だったら、人は努力するということを忘れていたであろう。世界の文明が、何もしないで食物が自生する南国より、厳しい北国のほうに軍配を上げていることを見ればわかる。

自分の置かれている身分（立場）を知れば、過分なことは望めないし、また天分（才能）を自覚すれば、現状で満足することを知る。

◆第四二条　分《ぶん》を知り、然《しか》る後《のち》に足《た》るを知る。

老子の言葉にも「足《たる》を知る者は富む」というのがある。欲を捨てて自分の境遇に満足できる人間は、心豊かであるとの意味だ。これを「知足《ちそく》」という。源信の『往生要集』でも、「足ることを知らば、貧といへども富と名づくべし。財ありとも欲多ければ、これこそ貧と名づくべし」という。人間の幸不幸は心ひとつの置きどころということか。

過去の過ちを後悔する人はいるが、現在していることの過ちを改める者は少ない。

◆第四三条　昨《さく》の非《ひ》を悔《く》ゆる者は之《こ》れ有《あ》り、今《いま》の過《あやまち》を改《あらた》むる者《もの》は鮮《すく》なし。

現在していることの過ちを改めれば、過去の過ちはないわけだから、後悔することもない。わが行状を顧みて、まさに名言。

目的を達成したときこそ、退くことを考えるべきである。一時であっても、昇り詰めた龍のような高い地位に就いたなら、退くことを考えておかないと滅亡の悔いを残すことになる。

◆第四四条　得意《とくい》の時候は、最《もっと》も当《まさ》に退歩《たいほ》の工夫《くふう》を著《つ》くべし。一時《じ》一事《じ》も亦皆亢龍《またみなこうりょう》有り。

「月満つれば欠くる」のたとえどおり、この世は「盛者必衰、おごれるもの久しからず」である。老子も「功成り名を遂げて身退くは天の道なり」といっているが、なかなかこれが難しい。いつまでも「○○顧問」「××相談役」とかの肩書にしがみつき、〝老害〟とか〝ミイラ〟とかいわれているのも気がつかず、挙げ句の果ては晩節を汚すもととなっている。出処進退は男の価値が試されるときだ。

立身出世をみずから策動するのは男の下衆《げす》だが、とくに「退」が難しい。辞めどきを間違えると組織そのものが衰退することにもなる。あの細川ガラシヤ夫人だって、「散りぬべき　時知りてこそ　世の中は　花は花なれ　人は人なれ」と歌っているではないか。

土地も人民も天からの贈り物である。これを受けて養い、一人ひとりに地位や仕事を与えることは君主の務めである。もし君主が誤って、土地人民は自分のものだと考え、乱暴に扱うならば、それは君主が天

のものを盗むものといえる。

◆第四六条　土地人民《とちじんみん》は天物《てんぶつ》なり。承《う》けて之《これ》を養《やしな》い、物《もの》をして各《おのおの》其《そ》の所を得《え》しむ。是れ君《きみ》の職《しょく》なり。人君《じんくん》或は謬《あやま》りて、土地人民は皆我が物なりと謂《おも》うて之《これ》を暴《あら》す。此《これ》を之《こ》れ君《きみ》、天物《てんぶつ》を偸《ぬす》むと謂《い》う。

藩政改革の名君といわれて上杉鷹山が隠退したとき、新藩主に与えたのが次の「伝国の辞」である。

一、国家（藩）は、先祖より子孫へ伝え候《そうろう》国家にして、我私《がし》すべき物にはこれ無く候。
一、人民は国家に属したる人民にして、我私すべき物にはこれ無く候。
一、国家人民のために立ちたる君にして、君のために立ちたる国家人民にはこれ無く候。

要するに、国家（当時は藩）や領民は、藩主の私物ではなく、国家人民のために存在するもので、藩主は職務としてのリーダーにすぎない、といっているのである。封建社会にあって、このような思想を持っていたところに、鷹山が名君と称えられる理由がある。

君主たる者は、賢明なる者を採用し、才能ある者をよく用い、君臣一体となって天から授かった職務を果たし、天から授かった禄をいただき、君主一体となって国家に尽くすことを義というのである。
しかし、もし君主が、自分が禄を出して人民を養っているのだから、人民はその恩返しのために、自分の命令のままに使われるのが当然と考えるならば、それは商売道となんら変わるところがない。

◆第四七条

君《きみ》の臣《しん》に於ける、賢《けん》を挙《あ》げ能《のう》を使い、与《とも》に天職《てんしょく》を治《おさ》め、与《とも》に天禄《てんろく》を食《は》み、元首股肱《げんしゅここう》、合《がっ》して一体《たい》を成《な》す。此《これ》を之《こ》れ義《ぎ》と謂《い》う。人君若《じんくんも》し徒《いたず》らに、我れ禄俸《ろくほう》を出《いだ》し以《もっ》て人を畜《やしな》い、人将《ひとまさ》に報《ほう》じて以《もっ》て駆使《くし》に赴《おもむ》かんとすと謂《い》うのみならば、則《すなわ》ち市道《しどう》と何を以《もっ》てか異《こと》ならむ。

前述した上杉鷹山がいったように、「上に立つ者」は、たとえ大臣だろうと社長だろうと、国民や社員（部下）に支えられての存在であって、それは一つの地位《ポスト》にすぎない。いまだ経営者の一部には「会社をつくったのは自分だから、会社は自分のものだ」と思っている者がいるが、社員は社長の家来でも、ましてや奴隷でもない。

農作物は自然に生じるが、人が鋤《すき》をもって助けなければよく成熟しない。これと同様に、人間も自然に生まれるものだが、世話をしてやらないと、立派な人間になることは難しい。ちょうど農作物を育成するのと似ている。

◆第五〇条　五穀《こく》自《おのずか》ら生《しょう》ずれども、耒耜《らいし》を仮《か》りて以て之を助く。人君《じんくん》の財成輔相《ざいせいほしょう》も、亦此《またこ》れと似《に》たり。

大臣の職務は、最も大事な仕事だけをやっていればよい。日常の細々した事務は習慣に従って処理すれば十分である。大臣として重要なことは、人のいいにくいことを言明し、人が処理に迷う難事をやり抜くことである。だが、こんなことは一年に数回あればいいほうだ。だから平素は、細かいことに関わって心を乱したり、煩わされてはいけない。

◆第五一条

大臣《だいじん》の職は、大綱《たいこう》を統《す》ぶるのみ。日間《にっかん》の瑣事《さじ》は、旧套《きゅうとう》に遵依《じゅんい》するも可なり。但《た》だ人の発《はっ》し難《がた》きの口《くち》を発し、人の処《しょ》し難《がた》きの事《こと》を処するは、年間《ねんかん》率《おおむ》ね数次《すじ》に過《す》ぎず。紛更労擾《ふんこうろうじょう》を須《もち》うること勿《なか》れ。

大臣とは藩の重役たちを指すのであろうが、これは国家官僚も経営者も同じことだ。

大石内蔵助ではないが、平時のときは昼行灯《ひるあんどん》でもよいが、イザというときは命を投げ出すぐらいの覚悟でなければならない、ということだ。最近は管理体制が厳しくなって、役員たちにもタイムレコーダーを押させる会社が登場しているが、これでは従業員と同じである。しかも仕事のできない役員に限って、早朝出勤してタイムレコーダーを喜々として押している。最近、不正を起こす会社が増えているのも、役員が従業員と同じレベルになってしまい、命懸けで会社に尽くす役員がいないからである。

人が出会うところの苦労や、予期せぬ変事、はずかしめ、悪口など、困ったことのすべては、天が自分の才能を成熟させようとの試練であ

り、そのどれもが徳を積み、学問を励ます糧となる。だから、立派な人になろうとしている者は、このようなことに出会ったら、これをどう処理するかだけを考えるべきで、決して逃げたりしてはいけない。

◆第五九条

凡《およ》そ遭《あ》う所《ところ》の患難変故《かんなんへんこ》、屈辱讒謗《くつじょくざんぼう》、払逆《ふつぎゃく》の事は、皆《みな》天の吾才《わがさい》を老《ろう》せしむる所以《ゆえん》にして砥礪切磋《しれいせっさ》の地に非《あら》ざるは莫《な》し。君子《くんし》は当《まさ》に之に処《しょ》する所以《ゆえん》を慮《おもんぱか》るべし。徒《いたず》らに之を免れんと欲するは不可なり。

道元禅師の『正法眼蔵随聞記』はこういっている。「玉は琢磨《たくま》により器となり、人は錬《れん》磨《ま》によって仁となる」と。そして「何《いずく》の玉かはじめより光有《あ》る、誰人《だれひと》か初心より利なる。必ず磨くべし、すべからく練るべし。自ら卑下《ひげ》して学道をゆるくすることなかれ」と続く。すなわち、玉は磨くことで初めて価値が出る。人もみずからを磨き鍛錬して、初めて真の人となる。世の中には初めから光輝いている玉があるだろうか、初めから優れた働きをする人がいるだろうか。とすれば、必ず磨き、必ず鍛錬すべきである。決して能力や素質がないとみずから卑下して道を学ぶ努力を怠ってはいけない、というのだ。

昔から「若いときの苦労は買ってでもせよ」というが、どうも近ごろの若者は苦労に立ち向かうどころか逃げてばかりいる。これは若者が悪いわけではない。親や社会が甘やかしすぎたのだ。逃げていては何も変わらない、それどころかもっと悪くなる。

才能は剣のようなものだ。よく使うと身を守り、悪く使うと身を滅ぼす。

◆第六四条　才は猶《な》お剣《つるぎ》のごとし。善《よ》く之を用《もち》うれば、則《すなわ》ち以て身《み》を衛《まも》るに足り、善く之を用いざれば、則ち以て身を殺すに足る。

「才子、才に溺れる」ということだが、『三国志』に「泣いて馬謖《ばしょく》を斬る」との言葉がある。馬謖は諸葛孔明に重んじられた武将だったが、あるとき功をあせって、孔明の指示を無視して独断で作戦をとった。だが、失敗したため、孔明は泣いて馬謖を斬ったという。馬謖は才知に溢れた武将だっただけに、それに溺れたのである。それは才能が時として狡猾（悪知恵）を生むからである。

昔もいまも、心が曲がって悪いことをする小人物は、みな才知は人並み優れている。殷《いん》の紂王《ちゅうおう》は、最も奸智《かんち》に長けた者であった。微子《びし》や箕子《きし》、比干《ひかん》などの賢人は親戚関係にあったが、紂王の心を正すことができず、王位から降ろすこともできなかった。そのため紂王は国も身も、子孫まで滅ぼしてしまった。これを見ても、才知が人並みに優れているというのは、むしろ恐ろしいことなのである。

◆第六五条　古今姦悪《ここんかんあく》を為すの小人《しょうじん》は、皆才《みなさい》、人に過《す》ぐ。商辛《しょうしん》の若《ごと》きは、最《もっと》も是れ非常の才子《さいし》なり。微《び》、箕《き》、比干《ひかん》の諸賢《しょけん》にして且《か》つ親有《しんあ》りと雖も、其の心を格《ただ》す能《あた》わず。又《また》其の位《くらい》を易《か》うる能《あた》わず。終《つい》に以て其の身を斃《たお》して、而《し》かも其の世を殄《た》つ。是れ才の畏《おそ》るべきなり。

殷の紂王（商辛《しょうしん》）とは、『十八史略』に出てくる悪知恵に長けた暴君の代表とされる人物。乱行が多かったため、周の武王に滅ぼされた。叔父の比干が諫めようとするのを怒って、「比干は聖人である。聖人には七つの穴があるというから剖《さ》いてみよう」と、裂き殺したという。悪賢くて残忍な者は始末におえない。

役職や給料を辞退することは、たやすいことだ。だが、目先の小さな利益に動かされないことは難しい。

◆第六六条　爵禄《しゃくろく》を辞《じ》するは易《やす》く、小利《しょうり》に動《うご》かされざるは難《かた》し。

実際は、役職や給料を辞退することも難しいのだが、これらの辞退には、自分の意にそぐわないとの決心から出るものなので、その決意があればできる。だが、目先の利益というものは、「つい、魔が差して」と無分別な状態のときに引っかかるだけに始末が悪い。不祥事を起こす会社のつまずきは、「この程度なら」との小さな利益を優先させたときに起こっている。似た言葉に「小利を顧みるは、則ち大利の残なり」（『韓非子』）というのがある。小さな利益にとらわれると、大きな利益を失うとの意味だ。

利益というものは天下の公共物で、利を得ることは悪いことではない。ただ、利を独占するのは、他人に怨まれるもととなるのでよろしくない。

◆第六七条　利は天下公共の物《もの》なれば、何《なん》ぞ曾《かつ》て悪《あく》有らん。但《た》だ自《みずか》ら之を専《もっぱら》にすれば、則ち怨《うらみ》を取るの道たるのみ。

西洋の言葉に「ノブレス・オブリージュ」という言葉がある。日本の武士道精神につながるもので、「高き身分の者に伴う義務」ということである。上に立つ者は下の者の犠牲になれ、との意味だ。簡単にいうなら、もともと上に立つ者は給料が高いのだから、儲かったら下の者に多く与え、損をしたら上の者から賃金カットするということだ。人は身分に上下の区別があることは甘受できるが、分配の不公平に文句をいうのである。とくに日本人は、みんな仲良くという「和の精神」が根本にあるので、独り勝ちを嫌う。

人を諫《いさ》めようとするときは、言葉に誠意が溢れていなければ効き目がない。仮にも、怒りや憎しみの心が少しでもあれば、忠告は決して相手の心に通じるものではない。

◆第七〇条　凡《およ》そ人を諫《いさ》めんと欲するには、唯《た》だ一団《だん》の誠意《せいい》、言に溢《あふ》るる有るのみ。苟《いやし》くも一忿疾《ふんしつ》の心を挾《はさ》まば、諫《いさめ》は決して入らじ。

役員のいうことを信じないで、可愛がっている部下のいうことを信じたり、女房のいうことを聞いて左右される社長がいる。こういうのをボンクラ社長という。

◆第八三条　大臣《だいじん》の言《げん》を信ぜずして、左右《さゆう》の言を信じ、男子の言を聴《き》かずして、婦人の言を聴く。庸主皆然《ようしゅみなしか》り。

大所高所に目をつければ、物事の原理原則が見えて、迷うことがない。

◆第八八条　着眼《ちゃくがん》高ければ、則ち理《り》を見て岐《き》せず。

「木を見て森林を知らず」のたとえどおり、木ばかり見ていたら道に迷う。何事も大所高所から判断するのが肝心である。

現世で、そしられ、誉められても気にすることはない。それより死んでから批判されるほうが怖い。弁明もやり直しもきかないからだ。自分が損しようが儲かろうが、心配するにあたらないが、子孫に迷惑をかけることは考えなくてはいけない。

◆第八九条　当今《とうこん》の毀誉《きよ》は懼《おそ》るるに足らず。後世《こうせい》の毀誉《きよ》は懼《おそ》る可《べ》し。一身《しん》の得喪《とくそう》は慮《おもんぱか》るに足らず。子孫《しそん》の得喪《とくそう》は慮《おもんぱか》る可し。

命より名こそ惜しけれ　武士《もののふ》の道をば　たれもかくやおもわん

大友宗麟の家臣・森迫親世《もりざきちかよ》の辞世の句である。不名誉の「生」より名誉ある「死」を求めて、生き恥をさらしたくないとの生き方である。類語に「人は一代、名は末代」(大久保彦左衛門)というのもある。

やむにやまれなくなって、花はつぼみを破って咲くのである。

◆第九二条　已《や》むを得《え》ざるに薄《せま》りて、而《しか》る後《のち》に諸《これ》を外に発《はっ》する者は花なり。

吉田松陰の歌に、
かくすれば　かくなるものと　知りながら　やむにやまれぬ　大和魂
というのがある。やむにやまれずとった行動は、その人にとっては花の咲きどきではなかろうか。

人は地道《ちどう》を守るべきである。地道とは、人をうやまい、自分を慎むという敬《けい》である。つまりは、天の道理に従って身を修めるということだ。

◆第九四条　人は須《すべか》らく地道《ちどう》を守《まも》るべし。地道は敬《けい》に在り。順《じゅん》にして天《てん》に承《う》くるのみ。

「地道」とは天道に対する地道のことで、謙譲の精神で生きるということ。そこから転じて、今日一般に使われる地道《じみち》（おごり高ぶらず、手堅く）の意味となった。「敬」は人に対するときは「うやまう」で、自分に関するときは「つつしむ」の意。要するに、人を敬い、自分を慎んで生きるのが天の道理に適った生き方だと教えている。

人間の本性はみな同じように持ち合わせているが、人によって気質がそれぞれ違っている。そこに教育が必要となり、同じ本性だからこそ教育の効果がある。

◇第九九条　性は同じゅうして質は異なり。質の異なるは教の由《よ》って設《もう》くる所なり。性の同じきは、教の由って立つ所なり。

本性とは孟子の唱える「四端」のことである。四端とは、
・惻隠《そくいん》の心は仁の端なり（仁＝あわれ痛む心）
・羞悪《しゅうお》の心は義の端なり（義＝不正を恥じる心）
・辞譲《じじょう》の心は礼の端なり（礼＝へりくだる心）
・是非《ぜひ》の心は智の端なり（智＝是々非々をわきまえる心）

孟子はこの心を誰もがみな持って生まれた本性だとして性善説を打ち立てた。だが、それらは人によって厚い薄いがあるので、それを調和させるために教育の必要があり、本性が同じであるなら教育の効果が表れる、と説くのである。

諺《ことわざ》に「禍《わざわい》は下より起こる」というのがある。だが私はこう思う。「この諺は国を滅ぼすものであって、人の上に立つ者に、こういうことを信じさせてはならない」と。

禍というものは、すべて上より起こるものである。下から出た禍でも、上に立つ者が働きかけて、そうさせているところのものである。

殷の湯王《とうおう》の言葉に「汝ら四方の国々の人民に罪悪があるのは、すべて上に立つ自分の責任である」とある。人の上に立つ者は、まさにこの言葉を手本とすべきである。

◆第一〇二条　諺《ことわざ》に云う。禍《わざわい》は下《しも》より起こると。余《よ》謂《い》う。是れ国《くに》を亡《ほろぼ》すの言なり。人主《じんしゅ》をして誤りて之を信ぜしむ可からずと。凡《およ》そ禍《わざわい》は皆上《みなかみ》よりして起こる。其の下《しも》より出《い》ずる者と雖《いえど》も、而《しか》も亦《また》必ず致《いた》す所有り。成湯《せいとう》之《の》誥《こう》に曰《いわ》く、爾《なんじ》、万《ばん》方《ぼう》の罪《つみ》有るは予《わ》れ一人《にん》に在りと。人主たる者は、当《まさ》に此《こ》の言を鑑《かんが》みるべし。

世直しの革命は下から起こるが、その起こる原因をつくったのは上の政治が悪いからである。「うちの社員は働かない」といっている社長がいるが、そうさせている社長が悪いのである。上がちゃんとした見本となっていれば、下の者はそれを見習うもので、すべての責任は上にある。

人間は誰も無欲になることはできない。だが、この欲が悪をする。天

はすでに善という本性を与えたが、これを乱すものとして、さらに欲という悪を加えた。天はどうして、初めから欲を与えずにおかなかったのだろう。はたして欲は何の役に立つのか。

私が思うに、欲というのは、人間を発展させるための気力であり、肉体の脂や、精液の蒸発するところである。これがあることによって人間は生き、なくなれば死んでしまう。欲気《よくき》が身体に広がり、身体の穴や毛穴から漏れ出るのである。それによって欲望を旺盛にし、これが悪に流される理由である。

およそ生物は無欲になることはできない。ただ聖人はこの欲をよいところに用いるだけである。孟子は「欲を出すことは善である」といった。孔子は「みずからの心の望むままに従う」といった。舜は「心の欲するところに従って、民を治めさせよ」といった。このように聖人はみな、欲の本来の意味を十分に理解して、善い方面に利用したのである。

◆第一一〇条　人は欲無《よくな》きこと能《あた》わず。欲は能《よ》く悪を為す。天既《てんすで》に人に賦《ふ》するに性《せい》の善《ぜん》な

る者を以てして、而《しか》も又《また》必ず之を溷《みだ》すに欲の悪なる者を以てす。天何《てんなん》ぞ人をして初より欲無からしめざる。欲は果して何の用ぞや。余謂《い》う、欲は人《じん》身《しん》の生気《せいき》にして、膏脂精液《こうしせいえき》の蒸《じょう》す所なり。此れ有りて生き、此れ無くして死す。人身《じんしん》の欲気《よくき》四暢《ちょう》し九竅毛孔《きゅうきょうもうこう》に由《よ》りて漏出《ろうしゅつ》す。因《よ》りて軀殻《くかく》をして其の願を熾《さかん》ならしむ。悪に流るる所以《ゆえん》なり。凡《およ》そ生物は欲無き能《あた》わず。唯《た》だ聖人《せいじん》は其の欲を善処《ぜんしょ》に用うるのみ。孟子《もうし》曰く、「欲す可き、之を善と謂う」と。孔子《こうし》曰く、「心の欲する所に従う」と。舜《しゅん》曰く、「予《われ》をして欲するに従《したが》い以て治めしめよ」と。皆善処《みなぜんしょ》に就《つ》きて之を言うなり。

仏教では、捨欲などといって「すべての欲を捨てろ」というが、では、仏門で修行するとき「立派な僧侶になろう」と思ったことはないのか。この質問を知り合いの高僧に投げかけたら、「むろん、その思いがあるからこそ、苦しい修行にも耐えられるのです」と答えてくれた。となれば、「立派な僧になろう」とするのもまた、一つの欲ではないか。志だって、この思い、すなわち気力があるからこそ遂げられるのだ。一斎先生がいうように、欲は人間向上のエネルギーであり、悪いことに使わなければ、人間の生きる証なのである。

一人前の男は、自分自身の力に頼るべきであって、他人の財力や権力に頼るような弱気な心を出してはならない。天を動かし地を驚かすような大事業も、すべては一個の自分からつくり出されたものである。

◆第一一九条　士は当《まさ》に己れに在る者を恃《たの》むべし。動天驚地《どうてんきょうちきょう》極大《きょくだい》の事業《じぎょう》も、亦都《またす》べて一己《こ》より締造《ていぞう》す。

『大般涅槃経《だいはつねはんきょう》』の中に「自灯明《じとうみょう》・法灯明《ほうとうみょう》」という言葉が出てくる。釈迦の最期を憂えた弟子の阿難《あなん》が「これからは誰を頼ったらよろしいのでしょうか」と聞いたところ、「阿難よ、これからは自らを拠《よ》り所とし、正しい教えを拠り所とせよ」といったという。

『法句経《ほっくきょう》』の中にも「自己こそ自己の主である。ほかの誰が主であろうか。自己がよく制御されたならば、人は得がたい主を得る」とある。平たくいえば、まず自分を鍛え、「俺がやらなきゃ誰がやる」との独立不羈《ふき》の精神のことだ。「寄らば大樹の陰」とばかりに、権力になびき、財力におもねり、なにかといえば人の褌《ふんどし》で相撲を取っているひ弱な者には耳の痛い言葉であろう。

自分自身を見失うと、友人を喪《うしな》い、人を喪えば、なにもかも喪ってしまう。

◆第一二〇条　**己《おの》れを喪《うしな》えば斯《ここ》に人を喪《うしな》う。人を喪《うしな》えば斯《ここ》に物《もの》を喪《うしな》う。**

自分自身を見失うとは、やることなすこと滅茶苦茶で、信用されない人物になってしまう、ということだ。そうなれば当然、友達もいなくなるし、社会からも信用をなくし、生きていけなくなる。これは国家も会社も同じことである。

先に孟子の「四端」を出したが、じつは儒教では「五常」といって「仁・義・礼・智」に加えて「信」を置いている。「仁義礼智」を実行することで「信」が得られ、これが人間としての基本的な道徳律となった。「信」は「まこと」とも読むように「誠の道」であり、信用がなければ人間は社会では生きていけないからである。

立派な人物は、他人に頼らず、自信を持って独力で立ち、堂々と行動することを尊重する。権力にこびたり、金持ちにへつらったりするよ

うなことはしない。

◆第一二一条　士は独立自信《どくりつじしん》を貴《たっと》ぶ。熱《ねつ》に依《よ》り炎《ほのお》に附《つ》くの念起《ねんおこ》すべからず。

福沢諭吉はこれを「独立自尊」と言い換えた。独立とは「自分で自分の身を支配し、他人に依頼する心がないこと」をいう。では、独立自尊のない者はどうなるか。この決めゼリフがいい。

「独立の気力なき者は必ず人に依頼し、人に依頼する者は必ず人を恐れる。人を恐れる者は必ず人に諛《へつら》う。つねに人を恐れ諛う者は、次第にこれに慣れ、その面《つら》の皮鉄の如くなりて、恥ずべきことを恥じず、論ずべきことを論ぜず、人さえみればただ腰を屈するのみ。（略）立てといわれれば立ち、舞えといわれれば舞い、その柔軟なることじつに飼いたる痩せ犬の如し」（『学問のすゝめ』）

これらの言葉を聞いていると、犯罪と知りながらも会社の命令だからと、不正にラベルを貼り替えたり、虚偽の報告をしたりと〝会社の奴隷〟になっている現代のサラリーマンを彷彿させるではないか。さらに福沢はいう。健全な国家をつくるためには、「一身独立して、一国独立す」、すなわち国民一人ひとりが独立自尊の精神を持たなければダメだと。

これが本来の個人主義の意味なのである。『学問のすゝめ』はいま読んでも感銘を受ける本である（現代語訳した拙著の『学問のすすめ』〈ＰＨＰ研究所〉があるので参考にされたい）。

雲は自然のなりゆきでやむを得ずして集まり、風や雨もやむを得ずして天から洩れてくる。雷もやむを得ずして雷鳴を轟かせる。このやむにやまれぬ状況こそ至誠の発露だと見るべきである。

◆第一二四条　雲烟《うんえん》は已むを得ざるに聚《あつま》り、風雨は已むを得ざるに洩《も》れ、雷霆《らいてい》は已むを得ざるに震《ふる》う。斯《ここ》に以て至誠《しせい》の作用《さよう》を観《み》る可《べ》し。

この条は難解とされるところだが、おそらく一斎先生は「やむにやまれぬ状況から出た至誠こそ、世を動かすもの」と観ていたのではないのか。たとえば、先に吉田松陰の「やむにやまれぬ大和魂」という歌を挙げたが、あの歌は松陰が国法を犯して密航したあと、下田から江戸の伝馬町に移送され、高輪泉岳寺（四十七士の墓のある寺）の前を通ったときに詠んだものである。自分と四十七士の思いを重ね合わせていたのだ。

松陰は兵学者であっただけに、浦賀に来たペリー艦隊を見て、これではとても外国と戦っても勝ち目はないこと自覚する。そこで孫子の「敵を知り己を知れば百戦危うからず」の故事に従い、ペリー艦隊に乗り込んで外国の軍備を見に行こうとしたのだ。これは日本を救うためのやむにやまれぬ心境であり、この計画を立てた師匠の佐久間象山もろとも、「密航」することが至誠だったのである。象山の「省諐録《せいけんろく》」(密航のあと書かされた反省書)を見ても、まったく反省するどころか、正義から出たものとしている。

深く考え、これが最善であると決意したときは、やむにやまれぬ勢力が出てくるので、決して妨げられることなく自由に行動できる。また、曲げることのできない正義の道を踏んでいれば、危険なことはない。

◆第一二五条　已《や》む可《べ》からざるの勢《いきおい》に動けば、則ち動いて括《くく》られず。枉《ま》ぐ可《べ》からざるの途《みち》を履《ふ》めば、則ち履《ふ》んで危《あやう》からず。

孔子は『論語』の中で「内《うち》に省《かえり》みて疚《やま》しからざれば、夫《そ》れ何をか懼《おそ》れん」といったが、孟子はそれを受けて、こう言い直している。「自《みずか》ら反《かえ》りみて縮《なお》くんば千万人と雖《いえど》も、吾往《われい》かん」（自分で反省してみて正しい場合は、敵が千万人であっても、自分は恐れずに進んでいく）と。これが本当の勇気であり、男の気概である。〝武士道の華〟といわれる四十七士だって、考えてみれば、一種の計画的テロ集団で、法律的には犯罪である。だが、その法を乗り越え、喧嘩両成敗の原則を無視したお上に対して、正義を遂行したのである。だから、犯罪者でありながらも、江戸市民も後世のわれわれも〝武士道の華〟として評価するのである。十分考えて、これが最善とあれば、突き進むのが正義なのである。西郷隆盛も『南州手抄言志録』の中で採用しているということは、わが意を得たりと思ったのではないか。

◆第一二七条　聖人《せいじん》は強健《きょうけん》にして病無き人の如く、賢人《けんじん》は摂生《せっせい》して病を慎《つつし》む人の如く、常人《じょうじん》は虚羸《きょるい》にして病多き人の如し。

聖人はすこぶる伸びやかなので病気知らずに見える。賢人は日常生活を摂生して、病気にかからないように気をつけているかに見える。だが、普通の人は、くよくよして病気にかかっているように見える。

何事も急いでは失敗する。落ち着いて機の熟するのを待てば、目的を達成することができる。

◆第一三〇条　急迫《きゅうはく》は事を敗《やぶ》り、寧耐《ねいたい》は事《こと》を成《な》す。

聖人はすべてに達観しているので、死に対して心が安らかである。賢人は死を天命と心得ているので、たじろぐことがない。だが、普通の人は、ひたすら死を恐れて取り乱す。

◆第一三二条　聖人《せいじん》は死に安《やす》んじ、賢人《けんじん》は死を分《ぶん》とし、常人《じょうじん》は死を畏《おそ》る。

ポックリ寺ツアーというのが繁盛しているのは、凡人が多い証拠だ。

賢い人は、死に臨んで、当然来るべきものが来たと考え、死は生あるものの当然の務めとして、死を恐れることは恥とし、安らかに眠りに就くことを望んでいる。そのため心の乱れはない。また、残された教訓があって、傾聴に値するものがある。

しかし、賢者が聖人に及ばないのは、聖人は日常の言動そのものが教訓となるため、死に際に改まって遺訓を述べるようなことはしない。生死を見ること、まるで昼夜を見るようで、特別なものとは考えていない。

◆第一三三条　賢者《けんじゃ》は歿《ぼっ》するに臨み、理《り》の当《まさ》に然《しか》るべきを見て以て分《ぶん》と為《な》し、死《し》を畏《おそ》るることを恥《は》じて死に安《やす》んずることを希《ねが》う。故に神気《しんき》乱れず。又遺訓《またいくん》有り、以て聴《ちょう》を聳《そびや》かすに足る。而《しか》して其の聖人《せいじん》に及ばざるも、亦此《またこ》こに在り。聖人《せいじん》は平生《へいぜい》の言動《げんどう》、一として訓《くん》に非ざる無くして、歿《ぼっ》するに臨《のぞ》み、未《いま》だ必ずしも遺訓《いくん》を為《な》さず。死生《しせい》を視《み》ること、真《しん》に昼夜の如く、念《ねん》を著《つ》くる所無し。

生物はみな死を恐れるが、なかでも人間はいちばん恐れる度合いが強い。しかし、万物の霊長である人間は、死を恐れる中にあっても、これを超越して、死を恐れない理由を探求すべきである。

そこで私は、こう考える。われわれの身体は天からの授かりものである。生も死も天が握っているので、われわれの力ではどうすることもできない。そもそもこの世に生まれてきたのはきわめて自然の力だったから、生まれたときに喜んだわけではない。だから、死ぬときもまた改まって悲しむことはない。天が生ませるべくして生ませたのだから、死生は天に任せるべきで、どうして恐れることがあるのか。

わが本性は天からの授かりものだから、この五尺の身体に天の理が包まれているのである。精気が固まってこの身体の中に入り、また魂が遊離して身体から出れば死ぬ。死ぬと生まれ、生まれれば死ぬものであって、わが本性はいつも死生を超えた境地にある。

したがって、死生についてことさら恐れることはない。それはあたかも昼夜のようなものであり、一つの道理がある。季節が春から始まり冬に終わるのと同じである。われわれはこの道理をわきまえて、よく考えるべきだ。

◆第一三七条　生物は皆な死を畏る。人《ひと》は其の霊《れい》なり。当《まさ》に死を畏るるの中《うち》より、死を畏れざるの理《り》を揀《えら》び出《いだ》すべし。吾《われ》思う、我が身は天物《てんぶつ》なり。死生《しせい》の権《けん》は天に在り。当《まさ》に順《したが》いて之《これ》を受くべし。我れの生るるや、自然にして生る。生るる時未《いま》だ嘗《かつ》て喜ぶを知らざるなり。則《すなわ》ち我の死するや、応《まさ》に亦《また》自然にして死し、死する時未《いま》だ嘗《かつ》て悲しむを知らざるべきなり。天之《これ》を生じて、天之《てんこれ》を死せしむ。一に天《てん》に聴《まか》すのみ。吾れ何ぞ畏れむ。吾が性は則《すなわ》ち天なり。軀殻《くかく》は則《すなわ》ち天《てん》を蔵《ぞう》するの室なり。精気《せいき》の物と為《な》るや、天此《てんこ》の室《しつ》に寓《ぐう》せしめ、遊魂《ゆうこん》の変《へん》を為《な》すや、天此《てんこ》の室より離れしむ。死の後《のち》は即《すなわ》ち生の前《まえ》、生《せい》の前《まえ》は即《すなわ》ち死《し》の後《のち》にして、而《しか》して吾《わ》が性《せい》の性《せい》たる所以《ゆえん》の者は、恒《つね》に死生《しせい》の外《ほか》に在り。吾《わ》れ何《なん》ぞ焉《こ》れを畏《おそ》れむ。夫《そ》れ昼夜《ちゅうや》は一理《り》、幽明《ゆうめい》も一理《り》、始《はじめ》を原《たず》ねて終《おわり》に反《かえ》り、死生《しせい》の説《せつ》を知る。何《なん》ぞ其の易簡《いかん》にして明白なるや。吾人《ごじんまさ》当に此の理《り》を以て自《みずか》ら省《かえり》みるべし。

われわれはどうして死を恐れるのか。生まれたあといろいろな知識がつくからである。身体があってこそ、死を恐れる感情がある。したがって、死を恐れない状態とは、生まれる前のことで、身体を離れて初めてこれを知ることができる。死を恐れない道理を、死の恐ろしさを知った中で冷静に考えて自分で自得するしかない。それでこそ生前の本性である死を恐れない心境になれる近道である。

◆第一三八条　死を畏《おそ》るるは、生後《せいご》の性なり。軀殻《くかく》有りて而《しか》る後《のち》に是の情《じょう》有り。死《し》を畏《おそ》れざるは生前《せいぜん》の性《せい》なり。軀殻《くかく》を離《はな》れて而《しか》して始めて是の性《せい》を見る。人須《ひとすべか》らく死を畏《おそ》れざるの理《り》を死《し》を畏《おそ》るるの中《なか》に自得《じとく》すべし。性《せい》に復《かえ》るに庶《ちか》からむ。

一三二条からこの一三八条まで死についての話が続く。本書のテーマから外れているので、筆者としてはあまり関心がないのだが、西郷の『南州手抄言志録』が選んでいるので、あえて掲載した。それにしても、なぜ西郷は死の項目をこれほど採用したのか。西郷がこの条に印をつけたとき、彼は三十七歳、沖永良部島で雨ざらしの牢屋に身を置き、死を身近に感じていたのだろうか。ただいえることは、「死」を自覚しない「生」はたわむれの人生であるということだ。『葉隠《はがくれ》』では、「武士道とは死ぬことを見付けたり」というように、死があるから生が輝くのである。西洋ではこれを「メメント・モリ」という。

一部の歴史は、文字に書かれた表面の現象だけなので、内部に隠された真相は伝わってこない。したがって、歴史を読む者は、その現象から隠されている真相を探し出す必要がある。

◇第一四一条　一部の歴史は、皆形迹《みなけいせき》を伝うれども、而《しか》も情実《じょうじつ》は或《あるい》は伝わらず。史《し》を読む者は、須《すべか》らく形迹《けいせき》に就《つ》きて以て情実《じょうじつ》を討《たず》ね出すを要すべし。

いかなる歴史書も、それはつねに勝者側からの記録であることを知って、読むべきである。裏側には負けた側の悲哀と真実があるはずだ。

博覧強記《はくらんきょうき》は人を聡明にする横の学問であり、深く道理を探求して奥

義をわきまえることは、人格を磨き上げる縦の学問である。

◆第一四四条　博聞強記《はくぶんきょうき》は聡明《そうめい》の横《おう》なり。精義入神《せいぎにゅうしん》は聡明《そうめい》の竪《じゅ》なり。

何事もよく知っているという博覧強記は学習によって横に広がるが、それは単に知識を知っているだけのことである。精義入神（道理を深く掘り下げること）は、いわば人間としての徳を磨く修養の学である。どちらも大切ではあるが、西郷は前者を「本の虫」として蔑《さげす》み、自分は一身に篤実だけを身につけた。「徳は才に優れり」というように、人間としては後者のほうに軍配が上がる。次条もそれを語る。

年老いた学者がいて、好んで書を読んでいた。飲食するほかは手から書物を放さず、やがて老人になってしまった。世間の人は誰もが勉強家だと誉めた。だが、私が思うに、このような人は事を成就しないであろう。彼は心をつねに書物の上に置いて、心の中に置こうとしない。人の五官は、等しくみんな使うべきだ。だが彼は、精神を目ばかりに集中させるので、目だけが疲れて、精神もくらんでくる。このようなことでは、どんなに本を読んだところで、深く自得するということにはならない。孔子の教えでは、ただ字面を追っているだけだ。けが必要だとしている。考えてみるがよい。彼は生涯、手から本を放さなかったが、心は放しっぱなしだったのだ。これで「仁」があるといえるだろうか。

◆第一四五条　一耆《き》縮《しゅく》有り好《この》みて書を読む。飲食を除く外《ほか》、手に巻を釈《お》かずして以て老に至れり。人皆篤学《ひとみなとくがく》と称《しょう》す。余を以て之《これ》を視《み》るに、恐《おそ》らくは事《こと》を済《な》さざらんと。渠《か》れは其の心常常放《こころつねづねお》かれて書上《しょじょう》に在《あ》り。収《おさ》めて腔子《こうし》の裏《うち》に在《あ》らず。人《ひと》は五官《かん》の用、須《すべか》らく均斉《きんせい》に之れを役《えき》すべし。而《しか》るを渠《か》れは精神をば耑《もっぱ》ら目に注《そそ》ぎ、目のみ偏《へん》して其の労を受け、而して精神も亦従《またしたが》いて昏瞶《こんかい》す。此《か》くの如きは則ち能《よ》く書を看《み》ると雖《いえど》も、而《しか》も決して深造自得《しんぞうじとく》すること能《あた》わず。便《すなわ》ち除《た》だ是れ放心《ほうしん》のみ。且《か》つ孔門《こうもん》の教《おしえ》の如きは、終食《しゅうしょく》より造次顛沛《ぞうじてんぱい》に至るまで、敢《あえ》て仁《じん》に違《たが》わず。試《こころみ》に思え、渠《か》れは一生手に巻を釈《と》かざれども放《ほう》

心此《しんか》くの如し。能《よ》く仁《じん》に違《たが》わずや否《いな》やと。

これが、まさしく西郷のいう「本の虫」であり、この人はただ本を読むのが好きだったにすぎない。学問とは、それを行動に変えて、社会の役に立ててこそ、初めて学問なのである。

人から信用されることは難しい。いくらうまいことをいっても、人はその言葉を信用しないで、その人の行動を信じるからだ。いや、行動を信じるのではなく、その人の心のあり方を信じるのである。

◆第一四八条　信を人に取ること難《かた》し。人は口を信《しん》ぜずして躬《み》を信じ、躬を信ぜずして心を信ず。是《ここ》を以《もっ》て難《かた》し。

突発的なことをうまく処理して、そのお陰で信用が得られる場合がある。あるいは、平素の信用のある者が突発的な効力を発揮して、いっそう信用を増すこともある。

◆第一四九条　臨時《りんじ》の信は、功《こう》を平日《へいじつ》に累《かさ》ね、平日の信は、效《こう》を臨時《りんじ》に収《おさ》む。

どちらがいいということではなく、いずれも日ごろからの心がけがあるから、物事の処理ができ、信用を得ることができたのである。

上下の人に信用があれば、できないことはなくなる。

◆第一五〇条　信、上下《しょうか》に孚《ふ》すれば、天下《てんか》甚《はなは》だ処《しょ》し難《がた》き事《こと》無《な》し。

自分の心が誠であるかどうかは、夢の中で試してみることだ。

◆第一五三条　意《こころ》の誠否《せいひ》は、須《すべか》らく夢寐《むび》中《ちゅう》の事《こと》に於いて之を験《けん》すべし。

「夢で試みる」とは、善いことをした場合は善い夢を、悪いことをした場合は悪夢を見るということだろう。

みだらな考えを起こさないのが敬《けい》であり、みだらな考えが起きないのが誠《まこと》である。

◆第一五四条　妄念《もうねん》を起さざるは是れ敬《けい》にして、妄念《もうねん》起らざるは是れ誠《まこと》なり。

敬とは、朱子学で最も重んじられる徳目で、自分に対しては慎み深く、人に対してはうやまうとの意味である。禅宗ではこれを「主一無適《しゅいちむてき》」（心を一つにして、他に向かわしめないこと）としている。

誠は『中庸』で「天の道なり」といわれるように、儒教の最高の境地とされている。よって、誠の人は最初からみだらな考えなど持たない。武士道でも、この誠を最高の徳としてあがめている。その証拠に、誠という字は「言」と「成」からできているように、「言ったことを成す」と解釈され、転じて「武士に二言はない」という言葉が生まれた。

自分を修めるのに、敬をもって実行すれば、周りの人々を安心させ、ひいては社会（国家）も安心させることができる。これは天の心が流れ込むからである。

◆第一五八条　己《おの》れを修《おさ》むるに敬を以てして、以て人を安《やす》んじ、以て百姓《ひゃくせい》を安《やす》んず。壱《いっ》に是れ天心《てんしん》の流注《りゅうちゅう》なり。

敬の字を使った言葉に「愛敬《あいきょう》」というのがある。いまではかわいらしいとの意味で「愛嬌《あいきょう》」を使うことが多いが、もともとは愛敬で「いつくしみうやまうこと」の意である。日本の儒学者でこの愛敬をよく用いたのが近江聖人といわれた中江藤樹で、その意味を

「愛はねんごろに親しむ徳なり。敬は上を敬い、下を軽んじないことである」（『翁問答』）といっている。要するに「それぞれの立場を尊重して、みんな仲良く」ということだから、一斎先生がいわれるように、敬を重んじれば、みんなが安心して住める社会になるのである。

人には、さわやかで気持ちよく、きっぱりとした明るさがなくてはならない。縮《ちぢ》こまったり、ぐずぐずするばかりでは、これは活きた敬ではなく死んだ敬であり、どんなことでも成就しない。

◆第一六〇条　人は明快灑落《めいかいしゃらく》の処《ところ》無《な》かる可からず。若《も》し徒爾《とじ》として畏縮《いしゅく》趑趄《しそ》するのみならば、只《た》だ是れ死敬《しけい》なり。甚事《なにごと》をか済《な》し得《え》む。

〝颯爽溌剌《さっそうはつらつ》〟との言葉があるように、このような人は人にモテるし、仕事もできる。人はこうありたいものだ。

処理の難しいことに出会ったら、みだりに行動してはいけない。よい機会が来るのを待って、対応すべきである。

◆第一八二条　処《しょ》し難《がた》き事《こと》に遇《あ》わば、妄動《もうどう》することを得ざれ。須《すべか》らく機《き》の至るを候《うかが》いて之に応《おう》ずべし。

私の好きな戯歌《ざれうた》に、「風車　風が吹くまで　昼寝かな」（広田弘毅）というのがある。

物事を処理する場合に、自分のほうに道理があったとしても、少しでも自分に有利になるような私心があっては、それが道理上の妨げとなって、道理が通じなくなるものである。

◆第一八三条　事を処《しょ》するに理《り》有りと雖《いえど》も、而《しか》も一点《てん》の己《おの》れを便《べん》するもの、挟《さしはさ》みて其の内に在れば、則ち理に於いて即《すなわ》ち一点《てん》の障碍《しょうがい》を做《な》して、理も亦《また》暢《の》びず。

言葉を慎むことは、すなわち行動を慎むことである。

◆第一八六条　言を慎《つつし》む処《ところ》、即《すなわ》ち行《おこない》を慎む処なり。

陽明学では「知行合一《ちこうごういつ》」、知識と行動は一致していなければならないと教える。ここでいう「言行一致」とも通じる。これをさらにやさしく説いたのが次の条である。

人はとくに口を慎まなければならない。口には二つの機能があり、一つは言葉を発すること、二つは食物を取ることである。言葉を慎まないと禍を招くことがあるように、飲食を慎まないと病気になることがある。諺にも「禍《わざわい》は口より出て、病《やまい》は口より入る」といっている。

◆第一八九条　人は最《もっと》も当《まさ》に口を慎《つつ》しむべし。口の職《しょく》は二用《よう》を兼《か》ぬ。言語を出《いだ》し、飲食《いんしょく》を納《い》るる是なり。言語を慎《つつ》しまざれば、以て禍《か》を速《まね》くに足り、飲食《いんしょく》を慎《つつ》しまざれば、以て病《やまい》を致《いた》すに足る。諺《ことわざ》に云《い》う、禍《わざわい》は口より出《い》で、病《やまい》は口《くち》より入《い》ると。

「君に仕えて忠義でない者は孝行者とはいえない。また戦いに臨んで勇気のない者は孝行者とはいえない」と、孝行者であった曾子《そうし》がいっている。ところが、世間では、忠と孝の二つを全うすることなどできないという人がいる。しかし、それは世俗の間違った見解である。

◆第二二六条　君《きみ》に事《つか》えて忠《ちゅう》ならざるは、孝《こう》に非ざるなり。戦陣《せんじん》に勇《ゆう》無きは、孝《こう》に非ざるなり。曾子《そうし》は孝子《こうし》にして、其の言此《か》くの如し。彼《か》の忠孝《ちゅうこう》は両全《りょうぜん》ならずと謂《い》う者は、世俗《せぞく》の見《けん》なり。

儒教でいう「孝」は、ただ親に孝行するという一般的な考えではなく、宇宙万物・人倫の全体に行き渡る道徳の原理としてとらえられている。なぜ道徳の原理かといえば、わが身は親より受け、その親の身は天地より受け、天地は太虚（宇宙の根源となる空間）より受けたものだからである。すなわち孝は儒教思想の柱である「仁」（思いやり）の実践そのものだからである。

ものが一つ増えると、やることが一つ増え、やることが一つ増えると、わずらわしいことが一つ増える。

◆第二二九条　一物《ぶつ》を多くすれば斯《ここ》に一事《じ》を多くし、一事《じ》を多くすれば斯《ここ》に一累《るい》を多くす。

「元」帝国の創設者ジンギスカンを補佐した名宰相・耶律楚材《やりつそざい》の「一利を興《おこ》すは一害《いちがい》を除《のぞ》くにしかず」という言葉がある。「文化国家論」を唱え、歴代首相の中では教養人だった大平首相も、よくこの言葉を揮毫《きごう》していた。利益になることを一つ新しく始めるよりも、いま、害になっているものを一つ除くほうに力を注ぐべきだ、ということである。政治も企業も、行き詰まったら部署を増やすよりも、害のある部署を減らせばいいのだが、見識のあるリーダーでないと、その害がどこかわからない。

民衆が正義とするところを察して、これを励まし、民衆が欲しているところを知って、その方向に向かわせれば、民衆は感激して、自分の生命をも忘れ、命懸けで難題に当たっていく。それでこそ、戦うこともできる。

◆第一一三条　民《たみ》の義《ぎ》に因《よ》りて以て之を激《げき》し、民《たみ》の欲に因《よ》りて以て之に趨《おもむ》かしめば、則ち民《たみ》其の生を忘れて其の死を致《いた》さん。是れ以て一戦すべし。

『南州手抄言志録』にも収められているものだが、こうした人心収攬《しゅうらん》の徳があったからこそ、命を捨ててまで西郷についていく者が多くいたのだろう。

仕事というものは、急がずじっくりやれば成功するし、物心両面から面倒を見てやれば、人を必ず味方にすることができる。歴史上の極悪人でも、この秘訣を使って、一時的にせよ、目的を遂げた者がある。それほど、この秘訣は恐るべきものだ。

◆第二二三条　漸《ぜん》は必ず事を成《な》し、恵《けい》は必ず人を懐《いだ》く。歴代の姦雄《かんゆう》の如きも、其の秘《ひ》を窃《ぬす》む者有れば、一時だも亦《また》能《よ》く、志《こころざし》を遂《と》げき。畏《おそ》る可きの至なり。

極悪人かそうでないかの見分け方は、その動機が「善」であるかどうか、さらには目的に「私心」があるかどうかで決まる。

可哀想だと思う惻隠《そくいん》の心も、度が過ぎれば愛に溺れて身を滅ぼす。自分の不善を恥じたり、人の不善を憎む羞恥《しゅうち》の心も、度が過ぎるとドブの中で首をくくる者が出てくるかもしれない。譲る心も度が過ぎると逃げてばかりいる者になる。善悪を判断する是非の心も、度が過ぎると兄弟喧嘩や親子で訴訟するようになるかもしれない。

この四つの徳目は孟子の唱える「四端」（仁義礼智）であるが、何でも極端になると逆効果になる。だから、学問をするからにはバランスを保って、過不足なくすべきである。これが本当の学問というものである。

◆第二二五条

惻隠《そくいん》の心も偏《へん》すれば、民或《たみあるい》は愛に溺《おぼ》れて身を殞《おと》す者有り。羞悪《しゅうお》の心も偏《へん》すれば、民或《たみあるい》は自《みずか》ら溝瀆《こうどく》に経《くび》るる者有り。辞譲《じじょう》の心も偏《へん》すれば、民或《たみあるい》は奔亡《ほんぼう》して風狂《ふうきょう》する者有り。是非《ぜひ》の心も偏《へん》すれば、民或《たみあるい》は兄弟牆《けいていかき》に鬩《せめ》ぎ、父子相訟《ふしあいうった》うる者有り。凡《およ》そ情の偏《へん》するは、四端《たん》と雖も、遂《つい》に不善《ふぜん》に陥《おちい》る。故に学んで以て中和《ちゅうわ》を致し、過不及《かふきゅう》無きに帰《き》す。之を復性《ふくせい》の学と謂《い》う。

『伊達政宗五常訓』にはこうある。

「仁に過ぎれば弱くなる。義に過ぎれば固くなる。礼に過ぎれば諂《へつら》いとなる。智に過ぎれば嘘をつく。信に過ぎれば損をする」

賞と罰は社会の状況にしたがって、軽くしたり重くしたりすべきである。しかしその割合は、おおよそ十のうち七を賞とし、三程度を罰にするのがよい。

◆第二二八条　賞罰は世《よ》と軽重《けいちょう》す。然《しか》るに其の分数《ぶんすう》、大略《たいりゃく》十中《ちゅう》の七は賞《しょう》にして、十中《ちゅう》の三は罰なれば可なり。

部下統率の要諦は「アメとムチ」だといわれるが、叱ってばかりの上司では、やはり嫌われて、部下はついてこない。一斎先生がおっしゃるように「七つ誉めて、三つ叱る」のが原則だろう。

読書の方法は、孟子のいう次の三言を師とすべきである。
一、自分の心をもって、作者の精神を受け止める。
二、書物に対しては批判的であって、その一部を信用しても、全部を信用しない。
三、作者の人柄や業績を知り、また当時の社会的背景を考えながら、読んでいくべきである。

◆第二三九条　読書の法は、当《まさ》に孟子《もうし》の三言《げん》を師とすべし。曰く意《い》を以て志《こころざし》を逆《むか》う。曰く尽《ことごと》くは書を信ぜず。曰く人を知り世を論ずと。

吉田松陰の『講孟余話《こうもうよわ》』でも、「経書を読むにあたって、第一に重要なことは、聖賢におもねらないことである。もし少しでもおもねるところがあれば、道は明らかにはならないし、学問をしても益なく、かえって有害である」といっている。半可通のセンセイは、なにかと中国古典を金科玉条のごとく宣《のたま》うが、こういうセンセイは聖賢の学に毒されている証拠である。

Ⅱ

言志後録

文政十一年（一八二八年）、一斎先生、五十七歳から六十七歳までの約十年間にわたって記し、嘉永三年（一八五〇年）に出版。全二五五条。

天体が昼夜休むことなく運行しているのは天の道であり、人がみずから努め、励むのは君子の道である。たとえていうなら、舜帝が朝から夜まで善道を為そうと努め、禹王が毎日道を極める精進をしたのも、あるいは殷の湯王が日々徳を磨くことに努め、周の文王が寝食を忘れて修行されたのも、周の周王が善政が夜中に浮かぶと、明けるのを待ってすぐに実行したのも、孔子が道を知るために食事を忘れたのも、これすべて天の道に従った例である。だから、静かなところに座って、ただ瞑想にふけるだけの人は、われわれの目指す学問とは違う流派の人々である。

◆第二条　自《みずか》ら彊《つと》めて息《や》まざるは天《てん》の道なり。君子《くんし》の以《な》す所《ところ》なり。虞舜《ぐしゅん》の孳孳《じじ》として善《ぜん》を為《な》し、大禹《たいう》の日《ひ》に孜孜《しし》せんことを思《おも》い、成湯《せいとう》の苟《まこと》に日《ひ》に新《あらた》にする、文《ぶん》王《おう》の遑暇《いとま》あらざる、周公《しゅうこう》の坐《ざ》して以《もっ》て旦《たん》を待《ま》てる、孔子《こうし》の憤《ふん》を発《はっ》して食《じき》を忘《わす》るるが如《ごと》き、皆是《みなこ》れなり。彼《か》の徒《いたず》らに静養瞑坐《せいようめいざ》を事《こと》とするのみなるは、則《すなわ》ち此《こ》の学脈《がくみゃく》と背馳《はいち》す。

一斎先生が言志後録を書き始めたのは五十七歳。すでに初老であるが、これだけの熱意で学問に励んでいる。成湯（湯王）は露盤銘《ろばんめい》に「苟《まこと》に日に新《あらた》、日に日に新、又《また》日に新なり」（毎日毎日、進歩しているとの意味）を彫らせたという人物。東洋思想が西洋思想と違うのは、日々、この徳の実践にある。

みずから進んで励み、さらに励んでいるときは、つまらない考えや遊び心など起きるわけがなく、充実感で心が輝くのを覚える。こんなときは煩わしいことや、気にかかる悩みも出てこない。

◆第三条　自彊不息《じきょうふそく》の時候《じこう》、心地光光明明《しんちこうこうめいめい》なり。何《なん》の妄念遊思《もうねんゆうし》有《あ》らん。何の嬰累罣想《えいるいかいそう》有《あ》らむ。

これを一心不乱という。夢中になっているときこそ、至福のときであり、人は最も美しい。

孔子の学問は、まずみずからの修養に努め、人に接しては敬（慎み敬う）を養い、これを広め万民を安らかにすることが目的であり、どれもが実際のことに即した実学である。「書物を学ぶこと、学んだことを実行すること、真心を尽くすこと、正直であること」の四つの事柄を説いている。そして「つねにいっていることは、詩経、書経の精神であり、礼記のとおり礼を守ること」であって、必ずしも詩を誦《しょう》し、書を講ずることだけを専門としたわけではない。

だから、当時の学問をした者は、才能の点で優秀な者とそうでない者との差はあったが、それぞれがその器を大成することができたのである。このように人は誰もが道を学ぶことができるのであって、人によって優秀とか、優秀ではないとかの差があるわけではなかった。

ところが後世になって、この孔子の学問は堕落して、芸の一つになってしまった。一度目を通すとすぐ暗誦するなどというのは芸である。詩文の才能があって、自由自在に千言のものも、たちどころに書き下すなどは優れた芸である。

このように学問が芸に堕落してしまったので、優秀とか優秀ではないとかの差ができてしまったのである。ここにおいて学問は実践・実行から離れてしまった。そのためか、世間の人は「誰々は学問は十分にあるが、行動が伴わないとか、誰々は行いは十分であるが、学問は足りない」とかいうようになった。だが、孔子の学問を修めた者で、学問が十分にあって行動が欠けている者などあろうか。あるはずがない。世間の人の言葉は誤っているというべきである。

◆第四条

孔子《こうし》の学《がく》は、己《おのれ》を修《おさ》めて以《もっ》て敬《けい》することより、百姓《ひゃくせい》を安《やす》んずることに至《いた》るまで、只《た》だ是《こ》れ実事実学《じつじじつがく》なり。「四を以《もっ》て教《おし》う、文行忠信《ぶんこうちゅうしん》」、「雅《つね》に言う所《ところ》は、詩書執礼《ししょしつらい》」にて、必《かなら》ずしも耑《もっぱ》ら誦読《しょうどく》を事《こと》とするのみならざるなり。故《ゆえ》に当時《とうじ》の学者《がくしゃ》は、敏鈍《びんどん》の異《こと》なる有《あ》りと雖《いえど》も、各《おのおの》其《そ》の器《き》を成《な》せり。人《ひと》は皆《みな》学《まな》ぶ可《べ》し。能《のう》と不能《ふのう》と無《な》きなり。後世《こうせい》は則《すなわ》ち此《こ》の学墜《がくお》ちて芸《げい》の一途《と》に在《あ》り。博物《はくぶつ》にして多識《たしき》、一過《か》にして誦《しょう》を成《な》す。芸《げい》なり。詞藻縦横《しそうじゅうおう》に、千言立《せんげんた》ちどころに下《くだ》る。尤《もっと》も芸なり。其の芸に墜《お》つるを以《もっ》てや、故《ゆえ》に能《のう》と不能《ふのう》と有《あ》り。而《しこう》して学問始《がくもんはじ》めて行儀《ぎょうぎ》と離《はな》る。人《ひと》の言《げん》に曰《いわ》く、「某《ぼう》の人は学問余《あま》り有《あ》りて行儀《ぎょうぎ》足《た》らず、某《ぼう》の人《ひと》は行儀余り有りと学問足らず」と。孰《いず》れか学問余り有りて行儀足らざる者《もの》有《あ》らんや。謬言《びゅうげん》と謂《い》いつ可《べ》し。

佐久間象山は「学問に道と芸あり」という。道とは人格形成の道徳であり、芸とは食べるための術（習い事）である。この二つを修得して一人前であると。のちにこの言葉が「東洋の道徳、西洋の芸術（科学）」に転化し、さらには「和魂洋才」の基となる。だが、戦後教育は「道」を忘れ、「芸」ばかりを学んで、医者は医術だけ、役人は行政技術だけ、と「いい職業」に就くための、受験勉強の学問をさせただけにすぎなかった。これが今日の道徳的崩壊を生んだのである。

人は誰も若いころから体験してきたことを思い出してみるべきだ。その年にしたことは正当だったか、なかったか。その年計画したことの中で、どちらが穏当であったか、なかったか。こうした反省を将来の戒めとすることが望ましい。それをしないで、ただ先のことだけ考え

て、あくせくしたところで何の利益もない。

また、誰でも幼少のころを思い返してみるべきだ。父母が自分を育てるために、乳を飲ませてくれた恩、自分をいたわり、抱いてくれた苦労。なでたり、さすったり、あわれんでくれた愛情。教え、戒め、叱ってくれた親切心などなど、両親が苦労に苦労を重ねて、自分を育ててくれたすべてのことを思い返してみるならば、わが身を愛し、決して軽はずみな考えなど浮かんでこないだろう。

◆第八条　人は当《まさ》に往時《おうじ》に経歴《けいれき》せし事迹《じせき》を追思《ついし》すべし。「某《ぼう》の年為《としな》しし所、孰《いず》れか是《こ》れ当否《とうひ》なる、孰《いず》れか是《こ》れ生熟《せいじゅく》なる。某の年謀《はか》りし所、孰れか是れ穏妥《おんだ》なる、孰れか是れ過差《かさ》なる」と。此れを以《もっ》て将来《しょうらい》の鑑戒《かんかい》と為《な》さば可《か》なり。然《しか》らずして徒爾《とじ》に汲 汲《きゅうきゅう》営営《えいえい》として、前途《ぜんと》を算《かぞ》え、来日《らいじつ》を計《はか》るとも、亦何《またなん》の益《えき》か之《こ》れ有《あ》らむ。又尤《またもっと》も当《まさ》に幼穉《ようち》の時《とき》の事《こと》を憶《おも》い起《おこ》すべし。父母鞠育乳哺《ふぼきくいくにゅうほ》の恩《おん》、顧復懐抱《こふくかいほう》の労《ろう》、撫摩憫恤《ぶまびんじゅつ》の厚《あつ》き、訓戒督責《くんかいとくせき》の切《せつ》なる、凡《およ》そ其《そ》の艱苦《かんく》して我《われ》を長養《ちょうよう》する所以《ゆえん》の者《もの》、悉《ことごと》く以《もっ》て之《これ》を追思《ついし》せざる無《な》くんば、則《すなわ》ち今《いま》の自《みずか》ら吾《わ》が身《み》を愛《あい》し、肯《あ》えて自《みずか》ら軽《かろ》んぜる所以《ゆえん》の者《もの》も、亦宜《またよろ》しく至《いた》らざる所《ところ》無《な》かるべし。

「たとえ人が自分に背くことがあっても、自分は人に背くようなことはしない」というのは、誠に立派なことである。自分もまた、「人が自分に背くときは、自分が背かれねばならない理由をよく考えて反省し、そのことを、自分の学徳を磨く土台になすべきである」と思う。こうすれば、自分にとって大きな利益となる。どうしてそれを裏切りと見なすことができようか。

◆第一一条　「寧《むし》ろ人《ひと》の我《わ》れに負《そむ》くとも、我《わ》れは人に負《そむ》く毋《なか》らん」とは、固《まこと》に確言《かくげん》となす。余《よ》も亦謂《またい》う、「人の我に負く時、我れは当《まさ》に吾《わ》れの負くを致《いた》す所以《ゆえん》を思《おも》いて以《もっ》て自《みずか》ら反《かえ》りみ、且《か》つ以《もっ》て切磋《せっさ》、砥礪《しれい》の地《ち》と為《な》すべし」と。我《われ》に於《お》いて多少益《たしょうえき》有《あ》り。烏《な》んぞ之《これ》を仇視《きゅうし》すべけんや。

女房に逃げられたとき、多くの男は「裏切られた」というが、逃げられるように仕向けたのは、じつはほかでもない自分であることに気がつく者は意外に少ない。優秀な社員がスカウトされてしまうのも、その会社がその人に見合うだけの条件と環境を与えていなかったからである。

子弟のそばにいて助け導くのは教育の常道である。子弟が横道に入ろうとするのを戒め、諭《さと》すのは時を得た教えである。何事も教え導く人が先に立って実行して見せ、子弟にやらせるのが教育の基本である。口うるさく注意しなくても、子弟がついてくるようになるのが、教育の極致なのである。押さえつけたり、誉めたり、激励して導くのも、そのときに応じた臨機応変な方法である。このように教え方にもいろいろな方法があるのだ。

◆第一二条　誘掖《ゆうえき》して之《これ》を導《みちび》くは、教《おし》えの常《つね》なり。警戒《けいかい》して之《これ》を喩《さと》すは、教《おしえ》の時《とき》なり。躬《きゅうこう》行して以《もっ》て之《これ》を率《ひき》いるは、教《おしえ》の本《もと》なり。言《い》わずして之《これ》を化《か》するは、教《おしえ》

の神《しん》なり。抑《おさ》えて之《これ》を揚《あ》げ、激《げき》して之《これ》を進《すす》むるは、教《おしえ》の権《けん》にして変《へん》なるなり。教《おしえ》も亦《また》術《じゅつ》多《おお》し。

やって見せ　言って聞かせ　させてみて　誉めてやらねば　人は動かじ

山本五十六元帥の言葉といわれるものだが、教え導く者はつねに率先垂範を示し、部下の見本であらねばならない。「誉めてやらねば」というのが肝心なところだ。

部下が、一生懸命仕事に務めていたら、上の者はよく励まし、誉めてやることだ。ときには妥当を欠く場合があっても、しばらくは様子をながめていて、機会を見て徐々に諭してやるがよい。決して頭ごなしに押さえつけてはならない。押さえつけると、意欲を失って、萎縮し、それ以後は真心を尽くさなくなってしまう。

◆第一三条　小吏《しょうり》有《あ》り。苟《いやしく》も能《よ》く心《こころ》を職掌《しょくしょう》に尽《つ》くさば、長官《ちょうかん》たる者《もの》、宜《よろ》しく勧奨《かんしょう》して誘掖《ゆうえき》すべし。時《とき》に不当《ふとう》の見有《けんあ》りと雖《いえど》も、而《しか》れども亦宜《またよろ》しく姑《しばら》く之《これ》を容《い》れて、徐徐《じょじょ》に諭説《ゆせつ》すべし。決《けっ》して之《これ》を抑遏《よくあつ》す可《べ》からず。抑遏《よくあつ》せば則《すなわ》ち意《い》阻《はば》み気《き》撓《たゆ》みて、後来遂《こうらいつい》に其《そ》の心《こころ》を尽《つ》くさじ。

俳優の高倉健の自伝に『あなたに褒められたくて』（林泉舎）という本があったが、彼は母親に褒められたくて、これまで頑張ってきたことを告白している。人は誰でも誰かに「褒められるために」生きているのである。

税金から給料をもらっている役人にとって、好ましい字が四つある。公（公平）、正（正義）、清（清廉潔白）、敬（己を慎み人を敬う）。これをよく守れば過失を犯すことはない。また、好ましくない字が四つある。私（私心・不公平）、邪（不正）、濁（いやしいこと・賄賂）、傲（おごり高ぶること・傲慢）、これを犯すと、禍《わざわ》いを招く。

◆第一四条　官《かん》に居《お》るに好字面《こうじめん》四有《あ》り。公《こう》の字《じ》、正《せい》の字《じ》、清《せい》の字《じ》、敬《けい》の字《じ》なり。能《よ》く此《こ》れを守《まも》らば、以《もっ》て過《か》無《な》かるべし。不好《ふこう》の字面《じめん》も亦《また》四有《あ》り。私《し》の字《じ》、邪《じゃ》の字《じ》、濁《だく》の字《じ》、傲《ごう》の字《じ》なり。苟《いやし》くも之《こ》れを犯《おか》さば、皆《みな》禍《か》を取《と》るの道《みち》なり。

役人のみならず、上に立つ者が守るべき四文字といえば、「公・正・清・敬」。捨てなければならない四文字は「私・邪・濁・傲」。しかしながら、現在の役人や上に立つ者は、まったくこれとは逆のことをやっているのではないか。

すべての過失は慎みがないことから起こる。よく慎んでいれば過失は自然と減ってくるものだ。もし、過ちを犯したならば、速やかに改めるがよい。これも自分を慎むことである。孔子の高弟である顔淵《がんえん》が同じ過ちを犯さなかったのも、また子路《しろ》が過ちを注意されるのを喜んだのも、いずれも自分を慎む心があったからである。

◆第一七条　過《か》は不敬《ふけい》に生《しょう》ず。能《よ》く敬《けい》すれば則《すなわ》ち過《か》自《おのずか》ら寡《すくな》し、儻《も》し或《あるい》は過《あやま》たば則ち宜《よろ》しく速《すみやか》に之《これ》を改《あらた》むべし。速《すみやか》に之《これ》を改《あらた》むるも亦《また》敬《けい》なり。顔子《がんし》の過《か》を弐《ふたた》びせざる、子路《しろ》の過《か》を聞《き》くを喜《よろこ》ぶが如《ごと》きは、敬《けい》に非《あら》ざる莫《な》きなり。

商売を営む人にとって「苦情《クレーム》は天の声」である。苦情をうまく処理すれば儲けにつながるからだ。

つまらないことを考えたり、他のことに心を動かされたりするのは、志がしっかり立っていないからだ。志が確立していれば、邪悪な考えなどすべて退散してしまう。これは清らかな水が湧き出ると、外からの水は混入できないのと同じである。

◆第一八条　閑想客感《かんそうかくかん》は、志《こころざし》の立《た》たざるに由《よ》る。一志《し》既《すで》に立《た》ちなば、百邪退聴《ひゃくじゃたいちょう》せん。之《これ》を清泉涌出《せいせんゆうしゅつ》すれば、旁水《ぼうすい》の渾入《こんにゅう》するを得《え》ざるに譬《たと》う。

一〇〇〇円札の野口英世の言葉に「志成らずんば再びこの地を踏まず」というのがある。

首尾よく目的が達しなければ、二度と故郷には帰ってこないという意味である。大学も出ていない野口が医師として世界にその名をあげたのも、この強い志があったからである。その人の人生がものになるか、ならないかを決めるのは、この志のあるかないかにかかっている、というのが一斎先生の再三の主張なのである。ゆえに本書を『言志四録』という。

人間の心というものは霊妙なものである。善悪を判断する理性がその時々の感情で動かされるのを欲という。欲には公欲と私欲がある。感情が理性に通じておれば公欲であり、理性が感情に抑えられれば私欲となる。この公私の別を判別するのが、心の霊妙な働きなのである。

◆第一九条　心《こころ》を霊《れい》と為《な》す。其《そ》の条理《じょうり》の情識《じょうしき》に動《うご》く。之《これ》を欲《よく》という。欲《よく》に公私《こうし》有《あ》り。情識《じょうしき》の条理《じょうり》に通《つう》ずるを公《こう》と為《な》し、条理の情識《じょうしき》に滞《とどこお》るを私《し》と為《な》す。自《みずか》ら其《そ》の通滞《つうたい》を弁《べん》ずる者《もの》は、即《すなわ》便ち心《こころ》の霊《れい》なり。

その私欲を抑えるのは判断力（理性）ではなく、意志力であることを忘れてはならない。

たとえば、タバコが体に悪いということは知識（理性）で知っていたとしても、やめられない人は「やめよう」という意志がないからである。

心に感情が偏っていない中和の精神を持つならば、体は自然と落ち着いてのびのびしてくる。これが敬である。『大学』に「心を広く持てば、体はつねにゆったりしている」とあるのも敬である。『書経』で周の文王のことを称えて、「善にして柔《やわ》らかく、麗《うるわ》しく恭《うやうや》しい」といったのも敬である。『論語』で孔子の容貌のことを、「ゆったりとして、おだやかである」とあるのも敬である。だが、この敬を、手かせ足かせをはめられ、縄で縛られたように窮屈に感じるのであれば、これは偽の敬であって、真の敬ではない。

◆第二二一条

心《こころ》に中和《ちゅうわ》を存《そん》すれば、則《すなわ》ち体《たい》自《おのずか》ら安舒《あんじょ》にして即《すなわ》ち敬《けい》なり。故《ゆえ》に心広《こころひろ》く体《たい》胖《ゆた》かなるは敬《けい》なり。徽柔《きじゅう》懿恭《いきょう》なるは敬《けい》なり。申申夭夭《しんしんようよう》たるは敬《けい》なり。彼《か》の敬《けい》を見《み》ること桎梏《しっこく》、徽纏《きてん》の若《ごと》く然《しか》る者《もの》は、是《こ》れ贋敬《がんけい》にして真敬《しんけい》にあらず。

自分を慎み、相手をうやまう心を持っているのが「敬」。『言志四録』の中でも「志」に次いで多く取り上げられるのがこの「敬」である。要するに「敬」の徳を持っている人は、誰からも愛される人となるので、その容姿も、おのずから文王や孔子のように「ゆったりと、麗しく、おだやか」になるのだろう。ちなみに、中和の「中」は、ほどよいところで喜怒哀楽の感情を抑えていることをいい、中和の「和」とは、動作にあらわれた場合、なごやかになっていく状態のことで、つまりは和気藹々《あいあい》のことである。

本当の功績、名誉は、道徳によって得られ、本当の損得は正義によるものである。

◆第二四条　真《しん》の功名《こうみょう》は、道徳《どうとく》便《すなわ》ち是《こ》れなり。真《しん》の利害《りがい》は、義理《ぎり》便《すなわ》ち是《こ》れなり。

武士道の真髄は「義」（人として正しい道）である。したがって、いかなる功績、名誉、損得であろうと、そこに「義」がなければ真の武士として認めてもらえない。

人の一生は、道にたとえれば、険しいところもあり、平らかなところもある。また水路にたとえれば、静かな流れもあり、激流もある。これは自然の姿であってどうすることもできない。つまり易でいうところの道理である。だから、人は自分の居るところに安穏の場を求め、これを楽しめばよいのである。これを走ったり、避けようとするのは、人生を歩むうえでの達人とはいえない。

◆第二五条　人《ひと》の一生《しょう》遭《あ》う所《ところ》には、険阻《けんそ》有《あ》り、坦夷《たんい》有《あ》り、安流《あんりゅう》有《あ》り、驚瀾《きょうらん》有《あ》り。是《こ》れ気数《きすう》の自然《しぜん》にして、竟《つい》に免《まぬが》るる能《あた》わず。即《すなわ》ち易理《えきり》なり。人《ひと》は宜《よろ》しく居《お》って安《やす》んじ、玩《もてあそ》んで楽《たのし》むべし。若《も》し之《これ》を趨避《すうひ》せんとするは、達者《たっしゃ》の見《けん》に非《あら》ず。

『東照宮遺訓』の第一条に、徳川家康が残した有名な言葉、「人の一生は、重き荷を背うて遠き路を行くが如し。急ぐべからず」がある。一般にはこれを「人生とは苦難の連続だ」との意味に解している。だが、本当は、人生の楽しみとか喜びは自分の手でつかみ取るしかなく、そのためには重き荷を背負わなければならないという、むしろ、それを乗り越えるところに人生の喜びがあるという意味が込められている。家康の肯定的な人生観がうかがいしれよう。

心の働きは、「思う」ということである。何を思うのか。それは人としての道の実践に努力を重ねることについてである。(思うならば)、行うべき道はますます鮮明になり、いよいよ誠実に取り組むようになる。誠実に実践することを「行《こう》」といい、その精通するところを「知《ち》」という。だから、「知」も「行」もつまりは「思」の一字に帰結する。

◆第二八条

心《こころ》の官《かん》は則《すなわ》ち思《おも》うなり。思《おも》うの字《じ》は只《た》だ是《こ》れ工夫《くふう》の字《じ》のみ。思《おも》えば則《すなわ》ち愈《いよいよ》精明《せいめい》に、愈《いよいよ》篤実《とくじつ》なり。其《そ》の篤実《とくじつ》なるよりして之《これ》を行《こう》と謂《い》い、其《そ》の精明《せいめい》なるよりして之《これ》を知《ち》と謂《い》う。知行《ちこう》は一の思《おも》うの字《じ》に帰《き》す。

この条は、王陽明の説くところの「知行合一《ちこうごういつ》」の説明である。王陽明はいう。「知りて行わざるは、只だこれいまだ知らざるなり」と。すなわち、知っていながら行わないのは、本当に知ったことにはならないという意味だ。

春風の暖かさをもって人に接し、秋霜の厳しさをもってみずからを慎む。

◆第三三条　春風《しゅんぷう》を以《もっ》て人《ひと》に接《せっ》し、秋霜《しゅうそう》を以《もっ》て自《みずか》ら粛《つつし》む。

『言志四録』の中でも有名な条。略して「春風秋霜《しゅんぷうしゅうそう》」という。『南州翁遺訓』の中に、「命もいらず、名もいらず、官位もいらず、金もいらぬという人は始末に困る。だが、この始末に困る人でなくては大事はできない。なぜなら、こういう人は、ただ単に無欲というだけではなく、日々道を行っているからだ。正しい道を歩き続けているからこそ自信があって、何もいらぬと言えるのである」というのがある。江戸城無血開城のお膳立てをした山岡鉄舟を西郷が評した言葉である。山岡は幕末きっての剣豪といわれたが、日ごろのその姿は「怯に似たり」（臆病のようだ）といわれ、一度も刀を抜いたことがなかったそうだ。その彼の道場の名前が「春風館」という。もちろん、この言葉からとったものだ。

私欲に勝つ工夫は、ほんの一瞬にある。いろいろ思い悩むことなく、

即座に実行に移せ。

◆第三四条　克己《こっき》の工夫《くふう》は一呼吸《こきゅう》の間《あいだ》に在《あ》り。

『南州翁遺訓』の中にも「己に克つには、高い目標を掲げて、いきなりそこに駆け出すのではなく、日々の日常生活の中で起こる身近なことを、一つひとつ処理していくことによって積み重ねられる。それはちょうど、気象状況の変化に対して、人が対応していくのと同じことだ」という意味のことがいわれている。その訓練は私欲を棄てることにある。

大事件に出会ったときは、急に解決しようとしないで、しばらくそのままにしておいたほうがよい。一夜持ち越して、寝床で半分ぐらい考えて眠り、翌朝、心が明るくはっきりしてから、続きを考えると、ぼんやりながらも活路が見えてくる。そうなれば、この難題の筋道が自然に心の中に集まってくる。そのあとで、ゆっくり一つひとつ区別して解決していけば、たいがい間違うことはない。

◆第四五条

凡《およ》そ大硬事《だいこうじ》に遇《あ》わば、急心《きゅうしん》もて剖決《ぼうけつ》するを消《もち》いざれ。須《すべか》らく姑《しばら》く之《これ》を含《お》くべし。一夜《や》を宿《しゅく》し、枕上《ちんじょう》に於《おい》て粗商量《ほぼしょうりょう》すること一半《ぱん》にして、思《おもい》を齎《もた》らして寝《い》ね、翌旦《よくたん》の清明《せいめい》なる時《とき》に及《およ》んで、続《つづ》きて之《これ》を思惟《しい》すれば、則《すなわ》ち必《かなら》ず恍《こう》然《ぜん》として一条路《じょうろ》を見《み》、就即《すなわ》ち義理《ぎり》自然《しぜん》に湊泊《そうはく》せん。然《しか》る後《のち》に徐《おもむろ》に之《これ》を区《く》処《しょ》せば、大概錯悞《たいがいさくご》を致《いた》さず。

普通、「必死になれば事は解決する」などというところを、一晩寝て落ち着いてからゆっくり考えろ、というあたりが一斎先生らしい。

実行こそ学問と考えている人は、理論より実行することを尊ぶ。この考えは立派であるが、しかし、こういう人は往々にして読書をしない。これでは本当に学問する人とはいいがたい。これはちょうど、むせたからといって食事をしないのと同じことである。

◆第四六条　実学《じつがく》の人《ひと》、志《こころざし》は則《すなわ》ち美《び》なり。然《しか》れども往往《おうおう》にして読書《どくしょ》を禁《きん》ず。是《こ》れ亦《また》噎《えつ》に因《よ》りて食《じき》を廃《はい》するなり。

行動は理論にかなってこそ正しくなる。理論だけでもダメだが、行動だけでもダメである。食物が体の栄養になるように、読書は頭の栄養となるのである。

宋や明の時代の語録を読むと、私には納得のいくところと、いかないところがある。また信じることができるところと、できないところがある。疑ってよいところと、いけないところがある。だが、繰り返しこれらを読んでいると、これらの賢人と一堂に会して、親しく討論し合っているような感じがする。これは古人を友とすることで、まことに有益なことである。

◆第四九条　余《よ》常《つね》に宋明人《そうみんじん》の語録《ごろく》を読《よ》むに、肯《うけが》う可《べ》き有《あ》り。肯《うけが》う可《べ》からざるあり。信《しん》ず可《べ》きに似《に》て信《しん》ず可《べ》からざる有《あ》り。疑《うたが》う可《べ》きに似《に》て疑《うたが》う可《べ》からざる有《あ》り。反《はん》覆《ぶく》して之《これ》を読《よ》むに、殆《ほとん》ど諸賢《しょけん》と堂《どう》を同じゅうして親《した》しく相討論《あいとうろん》するが如《ごと》し。
真《しん》に是《こ》れ尚友《しょうゆう》にして益有《えきあ》り。

司馬遼太郎は「私は現世の友達も多いが、それより歴史上の友達のほうがもっと多く、知恵を借りている」といっていたが、いまや筆者も尚友（古典の中の友）のほうが多い。

魚介類は、水がないもののように思い、実際にあることに気づいていない。

◆第五三条　鱗介《りんかい》の族《ぞく》は水《みず》を以《もっ》て虚《きょ》と為《な》して、水《みず》の実《じつ》たるを知《し》らず。

水や太陽や空気などは生物に恩恵を与えながらも、それに気づかないように振る舞っている。立派な人も、これ見よがしの自慢などしない。存在が目立つような人間はまだ二流といえよう。

人間の生きる姿勢として、心の勢いは鋭くありたいし、行動はきちんと整っていたい。品位や人望は高くありたいし、見識、度量は広いほうが望ましい。学問、技芸は深くありたいし、物事に対する見方や解釈は真実でありたいものだ。

◆第五五条　志気《しき》は鋭《するど》からんことを欲《ほっ》し、操履《そうり》は端《ただ》しからんことを欲《ほっ》し、品望《ひんぼう》は高《たか》からんことを欲《ほっ》し、識量《しきりょう》は豁《ひろ》からんことを欲《ほっ》し、造詣《ぞうけい》は深《ふか》からんことを欲《ほっ》し、見解《けんかい》は実《じつ》ならんことを欲《ほっ》す。

事の処理は、まず、全体がどうなっているかを調べ、その後、だんだんと細かいところに突き進んでいくのがよい。

◆第六二条　将《まさ》に事《こと》を処《しょ》せんとせば、当《まさ》に先《ま》ず略《ほぼ》其《そ》の大体如何《だいたいいかん》を視《み》て、而《しか》る後漸漸《のちぜんぜん》に以《もっ》て精密《せいみつ》の処《ところ》に至《いた》るべくんば可《か》なり。

これを「着眼大局・着手小局」という。着想は大所高所から見て、実行は小さなことから着手するという意味である。この逆の言葉が「鹿を追って山を見ず」である。

暗いところにいる者は、明るいところをよく見ることができるが、明るいところにいる者は、暗いところを見ることはできない。

◇第六四条　晦《かい》に処《お》る者《もの》は能《よ》く顕《けん》を見《み》、顕《けん》に拠《よ》る者《もの》は晦《かい》を見《み》ず。

ここでは、下から上はよく見えるが、上から下は見えにくい、ということで、上に立つ者の行動はみんな下の者が見ているぞ、と注意をうながす言葉として解するのが妥当だろう。だが、こんな解釈はどうか。「ゾウは踏んだアリのことなどわからない」という言葉もあるように、上に立つ者（権力者）の、この目配り気配りのなさが差別の始まりをつくっているのではないだろうかと。

「何事も度が過ぎると害がある」と古人はいう。雨の降るのはよいことだが、度が過ぎると洪水となって害をなすのは、日照りの害と同じことである。いま、ここに善を行おうとする人がいて、自分勝手な言動で得意がっている人は、すべて雨の降る量が多すぎて洪水となるようなものだ。このような人をよく見かけるが、これは他人ごとではない。自戒すべきことである。

◆第六五条　古人《こじん》謂《い》う、「天下《てんか》の事《こと》過《す》ぐれば則《すなわ》ち害有《がいあ》り」と。雨沢《うたく》善《よ》からざるに非《あら》ざるなり。多《おお》きに過《す》ぐれば則《すなわ》ち潦《ろう》す。其《そ》の害《がい》たるや旱《かん》と同《おな》じ。今善《いまぜん》を為《な》すに意《い》有《あっ》て、心《こころ》に任《まか》せて自《みずか》ら是《ぜ》とする者《もの》は、皆雨沢《みなうたく》の潦《ろう》なり。余《よ》も亦往往《またおうおう》若《かくのごと》き人《ひと》を見《み》る。然《しか》れども他人《たにん》に非《あら》ざるなり。自《みずか》ら警《いまし》めざる可《べ》からず。

新興宗教や道徳セミナーなどの布教ほど、胡散《うさん》臭いものはない。当人たちが「善いことだ」と思っているだけに、なおさら始末が悪い。だったらお金を取るなといいたい。昔から〝真面目ぶっている者〟を偽善者といい、彼らはいざというとき逃げるのがうまい。

世の中には、よく大きなことをいう者がいるが、そんな人はだいたい度量が狭い。また、強がりをいう人がいるが、そんな人は必ず臆病な人である。大言でもなく、壮語でもなく、言葉の奥に深い意味を含んでいる人こそ、見識が高く、度量も広い人物である。

◆第六八条　好《この》みて大言《たいげん》を為《な》す者有《ものあ》り。其《そ》の人必《ひとかなら》ず小量《しょうりょう》なり。好《この》みて壮語《そうご》を為《な》す者有《ものあ》り。其《そ》の人必《ひとかなら》ず怯懦《きょうだ》なり。唯《た》だ言語《げんご》の大《だい》ならず壮《そう》ならず、中《うち》に含蓄有《がんちくあ》る者《もの》、多《おお》くは是《こ》れ識量弘恢《しきりょうこうかい》の人物《じんぶつ》なり。

「弱い犬ほどよく吠える」の格言どおり。

人の世には、身分や貧富の差がある。そして、その中に苦労と楽しみがある。だが、必ずしも金持ちや身分の高い者が楽しいわけでもなく、貧乏や身分が低いからといって苦しいわけでもない。何事も苦しいと思えば苦しいし、楽しいと思えば楽しい。こういう苦楽というものは、外からの刺激（欲望）によって感じるものだから、心の外にあるものは本当の苦楽ではない。

王陽明は「楽は心の本体である」といった。この本体の楽というのは、苦楽の楽から離れるものでもなく、苦楽の楽に堕落するものでもない。思うに、この本体の楽は、世間でいう苦楽とともにあって、しかもその苦楽を超越したものであり、自分の運命を甘んじて受け、他と比較しないところにある。これこそ本当の楽である。

中庸に「君子は、その地位や境遇を自分本来の持ち分と考えて、それに応じた行いをし、外の刺激（欲望）を願う心はない。だから、どのような境遇にあっても、少しも不満を覚えず、悠々自適する」とあるのは、このことをいっているのである。

◆第六九条

人生《じんせい》には、貴賤《きせん》有《あ》り。貧富《ひんぷ》有《あ》り。亦各《またおのおの》其《そ》の苦楽《くらく》有《あ》り。必《かなら》ずしも富貴《ふうき》は楽《たの》しくて、貧賤《ひんせん》は苦《くる》しと謂《い》わず、蓋《けだ》し其《そ》の苦処《くしょ》より之《これ》を言《い》わば、何《いず》れか苦《くる》しからざる莫《な》からむ。其《そ》の楽処《らくしょ》より之《これ》を言《い》わば、何《いず》れか楽《たの》しからざる莫《な》からむ。然《しか》れども此《こ》の苦楽《くらく》も亦猶《またな》お外《ほか》に在《あ》る者《もの》なり。昔賢曰《せきけんいわ》く、「楽《らく》は心《こころ》の本《ほん》体《たい》なり」と、此《こ》の楽《らく》は苦楽《くらく》の楽《らく》を離《はな》れず、亦《また》苦楽《くらく》の楽《らく》に墜《お》ちず。蓋《けだ》し其《そ》の苦楽《くらく》に処《お》りて、而《しか》も苦楽《くらく》に超《こ》え、其《そ》の遭《あ》う所《ところ》に安《やす》んじて、而《しか》も外《ほか》に慕《した》うこと無《な》し。是《こ》れ真《しん》の楽《らく》のみ。中庸《ちゅうよう》に謂《い》わゆる、「君子《くんし》は其《そ》の位《くらい》に素《そ》して行《おこな》い、其《そ》の外《ほか》を願《ねが》わず。入るとして自得《じとく》せざる無《な》し」とは、是《こ》れなり。

幸不幸は心の持ち方で変わる。そのためには、自分は自分、人は人と、他人との幸不幸を比較しないこと。「貧を楽しむ」（『論語』）。ここまで世俗を超越できたら最高だが……。わが畏敬する森信三先生は、自分に降りかかることはすべて善きことと思えという「最善観」を説いている。

人生は旅のようなものである。旅の途中には険しいところ、平坦なところもあり、日によっては晴れる日もあれば雨の降る日もある。これらは避けることができない。ただ、その場所、その時に従って、行程《スケジュール》をゆるめたり、早めにすることはできる。あまり急いで災難に遭ってはいけないし、ゆっくりしすぎて期日に遅れるようなことがあってもいけない。これが旅をするときの心得であり、同時に人生行路のコツである。

◆第七〇条　人《ひと》の世《よ》を渉《わた》るは行旅《こうりょ》の如《ごと》く然《しか》り。途《と》に険夷《けんい》有《あ》り。日《ひ》に晴雨《せいう》有《あ》りて、畢竟《ひっきょう》避《さ》くるを得ず。只《た》だ宜《よろ》しく処《ところ》に随《したが》い時《とき》に随《したが》い相緩急《あいかんきゅう》すべし。速《すみやか》ならんことを欲《ほっ》して以《もっ》て災《わざわい》を取《と》ること勿《なか》れ。猶予《ゆうよ》して以《もっ》て期《き》に後《おく》るること勿《なか》れ。是《こ》れ旅《たび》に処《しょ》するの道《みち》にして、即《すなわ》ち世《よ》を渉《わた》るの道《みち》なり。

聖人や賢人の学問を講義したり説いたりするだけで、自分ではその道を実践できない人を、口先だけの聖賢という。私はこれを聞いて恐れ入った。宋儒の教えを論じたり弁じたりするが、これをわが身に体得できない人を、紙の上の道学という。さらにこれを聞いて、私は再び恐れ入った。

◆第七七条

聖賢《せいけん》を講説《こうせつ》して、之《これ》を躬《み》にする能《あた》わざるは、之《これ》を口頭《こうとう》の聖賢《せいけん》と謂《い》う。吾《わ》れ之《これ》を聞《き》きて一たび惕然《てきぜん》たり。道学《どうがく》を論弁《ろんべん》して、之《これ》を体《たい》する能《あた》わざるは、之《これ》を紙上《しじょう》の道学《どうがく》と謂《い》う。吾《わ》れ之《これ》を聞《き》きて再《ふたた》び惕然《てきぜん》たり。

立派なことをいっておきながら、自分ではそれを実行できない人がいかに多いか。こういう人を「口舌《こうぜつ》の徒」という。すべては行動で決まる。自戒するところである。

政治を行ううえにおいて、知っておくべき五つの要項がある。

軽重――財政上の軽重を計る。

時勢――社会の状況を見る。

寛厚――国民に広く情のある政治を行う。

鎮定――社会の平和を保つ。

寧耐――心穏やかにして、耐え忍ぶ。

これらのほか、賢人を登用し、邪心のある人を遠ざけ、農業を勧め、税金を安くし、贅沢を禁じ、倹約を尊び、老人をいたわり、幼児を慈しむなど、いずれも必要なことである。

◆第七九条　政《まつりごと》を為《な》すに須《すべか》らく知《し》るべき者《もの》五件《けん》有《あ》り。曰《いわ》く軽重《けいちょう》、曰《いわ》く時勢《じせい》、曰《いわ》く寛厚《かんこう》、曰《いわ》く鎮定《ちんてい》、曰《いわ》く寧耐《ねいたい》、是《こ》れなり。賢《けん》を挙《あ》げ、佞《ねい》を遠《とお》ざけ、農《のう》を勧《すす》め、税《ぜい》を薄《うす》うし、奢《しゃ》を禁《きん》じ、倹《けん》を尚《たっと》び、老《ろう》を養《やしな》い、幼《よう》を慈《いつくし》む等《とう》の数件《すうけん》の如《ごと》きは、人《ひと》皆之《みなこ》れを知《し》る。

「知恵」と「仁」は持って生まれた本性であり、先天的なものである。「勇気」は本性から出る気であり、後天的・経験的なものである。この三つを合わせ持って三徳といっているが、なかなか妙味がある。

◆第八〇条　智《ち》、仁《じん》は性《せい》なり。勇《ゆう》は気《き》なり。配《はい》して以《もっ》て三徳《とく》と為《な》す。妙理《みょうり》有《あ》り。

『論語』に、「知者は惑わず、仁者は憂えず、勇者は懼《おそ》れず」というのがある。上に立つ者は、この三徳を合わせ持った人間でありたい。

学問の「学」は、先賢の教えを現在に照らし合わせ、「問」は先生や友人にその疑問を質すことだということは、誰でも知っている。だが、学というのは自分で実行し、問とは自分の心に問うて反省するということを、はたして何人の者が知っているだろうか。

◆第八四条　学《がく》は諸《こ》れを古訓《こくん》に稽《かんが》え、問《とい》は諸《こ》れを師友《しゆう》に質《ただ》すことは、人皆之《ひとみなこれ》を知《し》る。学《がく》は必《かなら》ず諸《こ》れを躬《み》に学《まな》び、問《とい》は必《かなら》ず諸《こ》れを心《こころ》に問《と》うものは、其《そ》れ幾人《いくにん》有《あ》るか。

自然の法則によって得たものは強固であり、人の知恵によって得たものはもろい。

◇第九四条　天《てん》を以《もっ》て得《う》る者《もの》は固《かた》く、人《ひと》を以《もっ》て得《う》る者《もの》は脆《もろ》し。

自然栽培と養殖栽培とを比較してみればわかるように、みずから努力して鍛え抜いた人と、他人の力を借りて過保護に育てられた人とでは、デキが違う。

立派な人物は、何事においてもまだ努力が足りないと思うが、つまらない人物は自分の心を欺き、それで満足しきっている。立派な人はつねに自己研鑽を続けるが、つまらぬ人物は、すぐにあきらめ、自分を捨ててしまう。聖賢の道に進むか、堕落するかは、「慊《けん》」（不満足に思う）と「欺《ぎ》」（あざむく）、あるいは「彊《きょう》」（つよめる）と「棄《き》」（すてる）のただ一字の違いである。

◆第九六条　君子《くんし》は自《みずか》ら慊《けん》し、小人《しょうじん》は則《すなわ》ち自《みずか》ら欺《あざむ》く。君子《くんし》は自《みずか》ら彊《つと》め、小人《しょうじん》は則《すなわ》ち自《みずか》ら棄《す》つ。上達《じょうたつ》と下達《かたつ》とは一つの自字《じじ》に落在《らくざい》す。

人はみな自分の健康については心配するが、心の状態が健康であるかどうかは問わない。時々は、次のように心に問うてみるがよい。「独りでいるとき、心を欺くようなことはしていないか。独りで行くとき、自分の影に恥じるようなことはしていないか。独りで寝るとき、自分の夜具に恥じるようなことはしなかったかどうか。そして自分の心が安らかで愉快に楽しんでいるかどうか」と。

このように反省する心を持っていれば、心は決して放漫にはならない。

◆第九八条

人《ひと》は皆《みな》身《み》の安否《あんぴ》を問《と》うことを知《し》れども、而《しか》も心《こころ》の安否《あんぴ》を問《と》うことを知《し》らず。宜《よろ》しく自《みずか》ら問《と》うべし。「能《よ》く闇室《あんしつ》を欺《あざむ》かざるか否《いな》か。能《よ》く衾影《きんえい》に愧《は》じざるか否《いな》か。能《よ》く安穏快楽《あんのんかいらく》を得《う》るか否《いな》か」と。時時《じじ》是《か》くの如《ごと》くすれば心《こころ》便《すなわ》ち放《はな》れず。（または放《ほしいまま》ならず。）

「君子は必ずその独りを慎む」（『大学』）という有名な言葉がある。徳は人に見せるために行うのではない、誰も見ていないところでこそ徳の真価が問われている、との意味である。西郷隆盛のいう「天を相手にせよ」も、俗に「お天道さまが見ている」という言葉も、自分の行動の自覚をうながす言葉である。

ことさら何かをしてやろうという考えがあるわけでもないのに、その人が登場するといつのまにか問題が解決しているというのが「誠」である。また、やった仕事が、あたかも何もなかったようにやるのが「敬」である。

◆第一〇〇条　為《な》す無《な》くして為《な》す有《あ》る、之《これ》を誠《せい》と謂《い》い、為《な》す有《あ》りて為《な》す無《な》き、之《これ》を敬《けい》と謂《い》う。

この逆は「俺が、俺が」としゃしゃり出て、スタンドプレーをする人だが、本物は黙って解決する。これが「誠」。つねに「縁の下の力持ち」に徹している人が「敬」である。

老人は多くの人から尊敬される立場にいるのだから、その言動は端正で、その意気はますます壮大でなければならない。そして多くの人を包容し、若い人を育て上げることこそ望ましい。ところが、いまの老人には、もう年寄りだからといって、みずから粗大ゴミに甘んじているか、さもなくば少年のようなわがままししか示そうとしない者がいる。いずれもよろしくない。

◆第一〇八条　老人《ろうじん》は衆《しゅう》の観望《かんぼう》して矜式《きょうしょく》する所《ところ》なり。其《そ》の言動《げんどう》は当《まさ》に益端《ますますたん》なるべく、志気《しき》は当《まさ》に益壮《ますますそう》なるべし。尤《もっと》も宜《よろ》しく衆《しゅう》を容《い》れ才《さい》を育《いく》するを以《もっ》て志《こころざし》と為《な》すべし。今《いま》の老者《ろうしゃ》、或《あるい》は漫《みだり》に年老《ねんろう》を唱《とな》え、頽棄《たいき》に甘《あま》んずる者有《ものあ》り。或《あるい》は猶《な》お少年《しょうねん》の伎倆《ぎりょう》を為《な》す者有《ものあ》り。皆非《みなひ》なり。

ゆったりとした気持ちで、世の中に逆らわないのが「和」である。また、自分の立場を正しく守り、世俗の欲望に惑わないのが「介」である。

◇第一一一条　寛懐《かんかい》にして俗情《ぞくじょう》に忤《さから》わざるは和《わ》なり。立脚《りっきゃく》して、俗情《ぞくじょう》に墜《お》ちざるは介《かい》なり。

頑固ジジイになって「和」を壊し、いい年をして地位や金銭や色情に惑わされるな、との戒め。

多くの人は自分の好きなことは話すが、自分が嫌いなことは話さない。だが、立派な人というのは善を好むので、つねに人の善を称え、悪を憎むので、ことさら他人の悪口を話すこともしない。ところが小人は他人の悪口ばかり話し、人の善を誉めようとしない。

◆第一一六条　人《ひと》は多《おお》く己《おの》れの好《この》む所《ところ》を話《はな》して、己《おの》れの悪《にく》む所《ところ》を話《はな》さず。君子《くんし》は善《ぜん》を好《この》む、故《ゆえ》に毎《つね》に人《ひと》の善《ぜん》を称《しょう》し、悪《あく》を悪《にく》む、故《ゆえ》に肯《あ》えて人《ひと》の悪《あく》を称《しょう》せず。小人《しょうじん》は之《これ》に反《はん》す。

人の欠点だけしか見れない人は卑しい人となり、人のいいところを見られる人は、それを真似るので向上する。この差は大きい。

ウソをついてはいけない、というのはわれわれが持っている心（人情）であり、人を欺《あざむ》いて苦しませてはいけない、というのは道理である。こんなことは誰でも知っていることなのに、世の有り様を見ると、それは上辺だけのことで、本当は知っていないのである。

◆第二一七条　誣《し》う可《べ》からざる者《もの》は人情《にんじょう》にして、欺《あざむ》く可《べ》からざる者《もの》は天理《てんり》なり。人皆之《ひとみなこれ》を知《し》る。蓋《けだ》し知《し》れども而《しか》も未《いま》だ知《し》らず。

門構えを大げさに飾るな。家具調度品を自慢げに並べるな。看板を誇張するな。他人のものを借りて見せびらかすな。これを書いてみずからの戒めとする。

◆第二一八条　門面《もんめん》を装《よそ》うこと勿《なか》れ。家儻《かとう》を陳《つら》ぬること勿《なか》れ。招牌《しょうはい》を掲《かか》ぐること勿《なか》れ。他《た》物《ぶつ》を仮《か》りて以《もっ》て誇衒《こげん》すること勿《なか》れ。書《しょ》して以《もっ》て自《みずか》ら警《いまし》む。

中身のない人間ほど目に見えるところだけを飾りたがる。似合わぬブランド品で身を飾るのは自信のない証拠で、これを見栄・体裁という。

名誉や利益はもともと悪いものではない。ただ、これを私物化してはならない。誰もが名利を愛し好むものだが、自分に適した中ぐらいのところを得るのがよい。それが道理であり、無理なく自然ということだ。

ところが、人が名利を愛することには限度というものがない。だが、それにも大小があり、軽重がある。だから、これらのバランスをとって中庸を得れば、それが道理となる。ある人は単純に名利は災いのもとと恐れているが、名利がどうして災いを及ぼすというのであろうか。

◆第一二二条

名利《めいり》は、固《もと》と悪《あ》しき物《もの》に非《あら》ず。但《た》だ己私《こし》の累《わずら》わす所《ところ》と為《な》る可《べ》からず。之《これ》を愛好《あいこう》すと雖《いえど》も、亦自《またおのずか》ら恰好《かっこう》の中《ちゅう》を得《え》る処有《ところあ》り。即《すなわ》ち天理《てんり》の当然《とうぜん》なり。凡《およ》そ人情《にんじょう》は愛好《あいこう》す可《べ》き者何《ものなん》ぞ限《かぎ》らむ。而《しか》れども其《そ》の間《かん》にも亦小大有《またしょうだいあ》り。軽《けい》重有《ちょうあり》り。能《よ》く之《こ》れを権衡《けんこう》して、斯《ここ》に其《そ》の中《ちゅう》を得《う》るは、即《すなわ》ち天理《てんり》の在《あ》る所《ところ》なり。人只《ひとた》だ己私《こし》の累《るい》を為《な》すを怕《おそ》るるのみ。名利豈《めいりあ》に果《はた》して人《ひと》を累《るい》せんや。

名誉や利益を得ようとする欲は、人間として当然であり、生き甲斐のエネルギーの一つである。だが、それは日々精進努力の結果であって、分不相応に求めるから害となるのである。

知（知識・知恵）は行《こう》（行動）をコントロールする天道である。行は知から流れ出《いず》るものだから地道《ちどう》である。この二つがわれわれの体を成しているのだから、知っていて行わなければ、本当に知っているとはいえない。つまり、知と行は二つにして一つであり、一つであって二つでもあるのだ。

◆第一二七条　知《ち》は是《こ》れ行《こう》の主宰《しゅさい》にして、乾道《けんどう》なり。行《こう》は是《こ》れ知《ち》の流行《りゅうこう》にして、坤道《こんどう》なり。合《がっ》して以《もっ》て体躯《たいく》を成《な》せば則《すなわ》ち知行《ちこう》なり。是《こ》れ二にして一、一にして二なり。

静かにしていることを好み、動くことが嫌いな者を、ものぐさという。動くことが好きで、静かにしていることを嫌う人は、あわて者である。軽はずみな人は事を鎮めることができず、ものぐさな人は事を成し遂げることはできない。だから、己を慎み、人を敬う心の持ち主は、動にも静にも偏らない。軽率で怠け者でない人が、よく事態を収拾し、事を成就させることができるのである。

◆第一三一条　静《せい》を好《この》み動《どう》を厭《いと》う、之《これ》を懦《だ》と謂《い》い、動《どう》を好《この》み静《せい》を厭《いと》う、之《これ》を躁《そう》と謂《い》う。躁《そう》は物《もの》を鎮《しず》むる能《あた》わず。懦《だ》は事《こと》を了《りょう》する能《あた》わず。唯《た》だ敬以《けいもっ》て動静《どうせい》を貫《つらぬ》き、躁《そう》ならず懦《だ》ならず。然《しか》る後能《のちよ》く物《もの》を鎮《しず》め事《こと》を了《りょう》す。

学問をするからには、本を読むにしても納得するまで読むことである。ところが普通の人はいたずらに目で文字を追うだけだから、字面にとらわれて背後の意味を読み通すことができない。本を前にしたら心眼を開いて、行間を読むように心がければ、字面だけではわからないことも納得できるものだ。

◆第一三八条　学《がく》は自得《じとく》するを貴《たっと》ぶ。人徒《ひといたず》らに目《め》を以《もっ》て字有《じあ》るの書《しょ》を読《よ》む。故《ゆえ》に字《じ》に局《きょく》して、通透《つうとう》するを得《え》ず。当《まさ》に心《こころ》を以《もっ》て字無《じな》きの書《しょ》を読《よ》むべし。乃《すなわ》ち洞《とう》して自得《じとく》する有《あ》らん。

「その本は読んだことがあります」というので、「では、何が書かれてあった?」と聞くと、「よくわかりませんでした」という人は、読んだことにはならない。また、粗筋《あらすじ》だけ知っていても、その精神を読み取らなければ読んだことにはならない。そのためには、どういう読み方をするのか。次条を読んでほしい。

読書は心を養うためにある。だから、必ず心と環境を整え、心を平静に保って読むべきである。浮かれた心や騒がしい心で読んではいけない。いったん本を前にしたら、尊敬の念を持ち、バカにしたり先入観を持ってはいけない。

孟子によれば、読書することは古人を友人とするようなものなので、ひもといたならば厳しい教師や父兄の訓戒を聞くようにすべきだといった。歴史書や諸子百家の本に接することは、名君や英雄豪傑と交際するのと同じだからである。まず心を清らかにして、書中の人物より、むしろ凌駕するぐらいの気概を持って対面しなければならない。

◆第一四四条

読書《どくしょ》も亦心学《またしんがく》なり。必《かなら》ず寧静《ねいせい》を以《もっ》てして、躁心《そうしん》を以《もっ》てする勿《なか》れ。必《かなら》ず沈実《ちんじつ》を以《もっ》てして、浮心《ふしん》を以《もっ》てする勿《なか》れ。必《かなら》ず精深《せいしん》を以《もっ》てして、粗心《そしん》を以《もっ》てする勿《なか》れ。必《かなら》ず荘敬《そうけい》を以《もっ》てして、慢心《まんしん》を以《もっ》てする勿《なか》れ。孟子《もうし》は読書《どくしょ》を以《もっ》て尚友《しょうゆう》と為《な》せり。故《ゆえ》に経籍《けいせき》を読《よ》むは、即《すなわ》ち是《こ》れ厳師父兄《げんしふけい》の訓《おしえ》を聴《き》くなり。史子《しし》を読《よ》むも、亦即《またすなわ》ち明君《めいくん》、賢相《けんしょう》、英雄《えいゆう》、豪傑《ごうけつ》と相周旋《あいしゅうせん》するなり。其《そ》れ其《そ》の心《こころ》を清明《せいめい》にして以《もっ》て之《これ》と対越《たいえつ》せざる可《べ》けんや。

子どもを教育するには、可愛さに溺れて、わがままに育ててはならない。また、道徳を強制して子どもを責め立て、恩を仇で返すようなことをさせてはならない。

◆第一五九条　子《こ》を教《おし》うるには、愛《あい》に溺《おぼ》れて以《もっ》て縦《じゅう》を致《いた》すこと勿《なか》れ。善《ぜん》を責《せ》めて以《もっ》て恩《おん》を賊《そこな》うこと勿《なか》れ。

可愛さのあまり過保護に育て、躾を厳しくしすぎて子どもを非行に走らす。何事も「行き過《す》ぎ」はよくない。そのために慈母と厳父の役割があるのだ。

◆第一七七条　実言《じつげん》は、芻蕘《すうじょう》の陋《ろう》と雖《いえど》も、以《もっ》て物《もの》を動《うご》かすに足《た》る。虚言《きょげん》は、能弁《のうべん》の士《し》と雖《いえど》も、人《ひと》を感《かん》ずるに足《た》らず。

真実の言葉は、たとえ農夫や木こりなどの話でも、よく人を感動させる。だが、偽りの言葉は、どんな偉い人から出たものでも、何人をも感動させることはできない。

政治家の言葉が伝わらないのは、そこに真実がないからである。

敬忠（尊敬の念をもって誠実に尽くすこと）、寛厚（寛大にして情の厚いこと）、信義（正義を守ること）、公平（私心を棄て公明正大であること）、廉《れん》清《せい》（清廉潔白であること）、謙抑《けんよく》（人を立てて自分を抑えること）の六事十二字は、官吏たる公務員が必ず守らなければならないものである。

◆第一九七条　敬忠《けいちゅう》、寛厚《かんこう》、信義《しんぎ》、公平《こうへい》、廉清《れんせい》、謙抑《けんよく》の六事《じ》十二字《じ》は、官《かん》に居《お》る者《もの》の宜《よろ》しく守《まも》るべき所《ところ》なり。

公務員の戒めとなっているが、上に立つ者の誰もが戒めとすべきものである。人は財力や権力があっても、それだけではついてこない。こうした人徳が備わってこそ、人は心底より慕ってついてくるのである。

体力からほとばしる血気には青年と老年との違いはあるが、精神から発する志気には違いはない。だから老人が勉学に取り組むには、ますます志気を励まして、青年や壮年の人に負けてはならない。少壮の人たちの前途は春秋に富んでいる。たとえ今日学ばなくとも、取り返せるだけの歳月がある。だが、老人にはもう取り返すだけの明日はないのだ。

朱子もいっているように、今日学ばずして明日があるといってはいけない。易にも、「人の一生は短いから、楽器でも鳴らして歌い楽しまなければ、いたずらに年を取ってしまうと嘆いているが、これは何の益もないことで、人生とはそんなものではない、その常を楽しむべきである」といっている。まことに示唆に富んだ言葉である。ふと、心に感じるところがあり、ここに書いて自分を戒めることとする。

◆第二四三条　血気《けっき》には老少《ろうしょう》有《あ》りて、志気《しき》には老少《ろうしょう》無《な》し。老人《ろうじん》の学《がく》を講《こう》ずるには、当《まさ》に益《ますます》志気《しき》を励《はげま》して、少壮《しょうそう》の人《ひと》に譲《ゆず》る可《べ》からざるべし。少壮《しょうそう》の人《ひと》は春秋《しゅんじゅう》富《と》む。仮令《たとい》今日《こんにち》学《まな》ばずとも、猶《な》お来日《らいじつ》の償《つぐな》う可《べ》き有《あ》る容《べ》し。老人《ろうじん》には則《すなわ》ち真《しん》に来日《らいじつ》無《な》し。尤《もっと》も当《まさ》に今日《こんにち》学《まな》ばずして来日《らいじつ》有《あ》りと謂《い》うこと勿《なか》るべし。易《えき》に曰《い》える、「日《ひ》昃《かたむ》くの離《り》は、缶《ふ》を鼓《こ》して歌《うた》わざるときは則《すなわ》ち大耋《だいてつ》の嗟《なげき》あり」とは、此《こ》れを謂《い》うなり。偶《たまたま》感《かん》ずる所《ところ》有《あ》り。書《しょ》して以《もっ》て自《みずか》ら警《いまし》む。天保八年嘉天月朔録す。

この条の終わりに「天保八年十二月記す」とある。あと一カ月で一斎先生も六十歳が終わろうとするときである。まさしく「人生は砂時計」であり、歳月の早さは年を取ってみなければなかなかわからないものだ。だが、「今日学ばずして明日があるといってはいけない」といっているあたりは、老少に志気無しである。『言志耋録』第二八三条と合わせて読むとよい。

朱子の歌一首、「偶成」。

少年老いやすく　学成り難し
一寸の光陰　軽んずべからず

未だ覚めず　地塘《ちとう》春草の夢
階前の梧葉　すでに秋声

【注】一般にこの詩は朱子の作と伝えられていたが、最近、わが国の書記の滑稽詩文から発見され、その説が疑われている。

Ⅲ

言志晩録

天保九年（一八三八年）、一斎先生、六十七歳から七十八歳（嘉永二年）までに書かれた。全二九二条。

学問をするにおいて、最も大切なことは「心」の一字にある。自分の心をしっかり把握して修養していく、これを聖人の学という。また、政治を行う場合は、まず第一に目をつけるところは「情」の一字にある。人情の機微に従って世を治める、これを王道という。聖学も王道もじつは一本の道である。

◆第一条　学《がく》を為《な》すの緊要《きんよう》は、心《こころ》の一字《じ》に在《あ》り。心《こころ》を把《と》って以《もっ》て心《こころ》を治《おさ》む。之《これ》を聖学《せいがく》と謂《い》う。政《まつりごと》を為《な》すの著眼《ちゃくがん》は、情《じょう》の一字《じ》に在《あ》り。情《じょう》に循《したが》って以《もっ》て情《じょう》を治《おさ》む。之《これ》を王道《おうどう》と謂《い》う。王道《おうどう》、聖学《せいがく》は二に非《あら》ず。

心はつねに平静であることが肝要である。平静であれば心も安定する。同様に気も安らかであることが大事である。気が安らかであれば、何事も率直に行うことができる。

◆第六条　心《こころ》は平《たいら》なるを要《よう》す。平《たいら》なれば則《すなわ》ち定《さだま》る。気《き》は易《い》なるを要《よう》す。易《い》なれば則《すなわ》ち直《なお》し。

心の修行とは、極論するなら、この平常心を培うことをいう。つねに平常心であれば、いかなることが起きようともあわてず騒がず、何事も冷静に対処できる。

「学んで納得しないところがあれば、発憤して寝食を忘れる」とは孔子の言葉だが、これは聖人の志気が旺盛であることを示している。また、「真の意味を理解すれば、嬉しくなって一切の憂いを忘れてしまう」ともいっているが、これは孔子の心がいかに健全であるかを示している。さらに「一心に勉学して、年を取ることを知らない」というのは、孔子が天命を知り、天道をわがものとして楽しんでいたからである。さすがに聖人とあがめられるだけあって、孔子とわれわれとでは格段に志気が違うが、孔子も人の子、努力次第ではわれわれも聖人になれないことはない。

◆第九条　「憤《ふん》を発《はっ》して食《し》を忘《わす》る」とは、志気《しき》是《か》くの如《ごと》し。「楽《たの》しんで以《もっ》て憂《ゆう》を忘《わす》る」とは、心体是《しんたいか》くの如《ごと》し。「老《ろう》の将《まさ》に至《いた》らんとするを知《し》らず」とは、命《めい》を知《し》り天《てん》を楽《たの》しむこと是《か》くの如《ごと》し。聖人《せいじん》は人《ひと》と同《おな》じからず。又人《またひと》と異《こと》ならず。

長い人生のうちには、暗い夜道を歩くようなこともあるが、一つの提灯《ちょうちん》を掲げていけば、いかに暗くとも心配することはない。その一灯を信じて歩め。

◆第一三条　一燈《とう》を提《さ》げて暗夜《あんや》を行《ゆ》く。暗夜《あんや》を憂《うれ》うること勿《なか》れ。只《た》だ一燈《とう》を頼《たの》め。

この場合の提灯とはみずからの強い志と解したい。前述したように、釈迦の最期の教えにも「自灯明《じとうみょう》・法灯明《ほうとうみょう》」というのがある。自らを灯火《ともしび》として、自らを拠り所とせよ、真理を灯火として、真理を拠り所とせよ、との意味である。

人が人として生きるための人倫の道と道理は、結局は同じものである。儒学を学ぶことはつまりは倫理を学ぶことであり、この倫理は実行しなければ価値はない。それが他方から見れば物事の道理ということになる。

◆第一五条　倫理《りんり》と物理《ぶつり》とは同一理《どうり》なり。我《わ》が学《がく》は倫理《りんり》の学《がく》なり。宜《よろ》しく近《ちか》く諸《これ》を身《み》に取《と》るべし。即《すなわ》ち是《こ》れ物理《ぶつり》なり。

「あの人は真面目だ」という場合、人はその人の行動を見ていうのである。倫理道徳は言葉ではなく実行してこそ価値がある。

濁った水もまた水であり、澄めば清水となる。カラ元気も元気のうちである。一転すれば正大な気になる。このカラ元気を正気にするには、ただ自分の私欲に克ち、正しい礼に変えることである。

◆第一七条　濁水《だくすい》も亦水《またみず》なり。一《ひと》たび澄《す》めば清水《せいすい》と為《な》る。客気《かっき》も亦気《またき》なり。一《ひと》たび転《てん》ずれば正気《せいき》と為《な》る。逐客《ちっかく》の工夫《くふう》は、只《た》だ是《こ》れ克己《こっき》のみ。只《た》だ是《こ》れ復礼《ふくれい》のみ。

「濁った水」とは、筆者を含めた凡人のことである。何も努力しないで大きなことばかりいう人もいる。だが、そんな凡人でも、「一転すれば」生き方が変わるという。その方法は、克己と礼節にあるというが、これがなかなか……。

宇宙の本体をなす理は本来形がないから名称もないはずである。形あってこそ名称がつけられる。しかし、すでに理という名前があるのだから、理を気といってもいいわけである。したがって、本体を指す場合を理と名づけ、運用されるときは気といってもさしつかえないだろう。孟子は盛大なる気を「浩然《こうぜん》の気」と説いているが、これは運用される場合を指している。この宇宙の根源である太極が万物をつくり、天地を構成したのであって、これを貫くものが「誠」であり、誠の運

用が気である。だから、誠を気の根源といい、理ともいうのである。

◇第一九条　理《り》は本《も》と形《かたち》無《な》し。形《かたち》無《な》ければ名《な》無《な》し。形《かたち》ありて而《しか》る後《のち》に名《な》有《あ》り。既《すで》に名《な》有《あ》れば、理之《りこれ》を気《き》と謂《い》うも不可《ふか》無《な》し。故《ゆえ》に専《もっぱ》ら本体《ほんたい》を指《さ》せば、則《すなわ》ち形後《けいご》も亦之《またこれ》を理《り》と謂《い》い、専《もっぱ》ら運用《うんよう》を指《さ》せば、則《すなわ》ち形前《けいぜん》も亦之《またこれ》を気《き》と謂《い》う、並《ならび》に不《ふ》可《か》なること無《な》し。浩然《こうぜん》の気《き》の如《ごと》きは、専《もっぱ》ら運用《うんよう》を指《さ》せり。其《そ》の実《じつ》は太極《たいきょく》の呼吸《こきゅう》にして、只《た》だ是《こ》れ一誠《せい》のみ。之《これ》を気原《きげん》と謂《い》う。即《すなわ》ち是《こ》れ理《り》なり。

「浩然の気」とは、天地自然に満ち満ちている盛大な精気のことをいう。一般に「浩然の気を養う」と使う。孟子の説によれば、この気は正義と人道を合わせ持った気ということになっている。

「理」と「気」は朱子学の根本原理であるが、この説明はなかなか難しい。ごく簡単にいうなら、理とは本然の性といわれる形而上のものを指し、気とはそれが形となった形而下のものを指す。

他人と自分とは別物ではなく一体と見るのが儒教の仁の教えである。そこで公事を行う場合は私情を入れずに臨めば、世間の人は誰もが服従するであろう。天下がよく治まるか、治まらないかは、為政者が公平であるかないかにかかっている。

宋の周子（周濂渓《れんけい》・宋の理学の祖）は「自分に公平な者は他人に対しても公平である」といい、程伊川《ていいせん》（宋の大儒の一人）も「公平に行われる普遍的原理が仁である」と説いた。王陽明も広く愛する心を公平なる愛であるとした。これら諸子の説を合わせて考えれば、公平の原則こそ上に立つ者の心得といえる。

◆第二二一条　物我《ぶつが》一体《たい》なるは、即《すなわ》ち是《こ》れ仁《じん》なり。我《わ》れ、公情《こうじょう》を執《と》りて以《もっ》て公事《こうじ》を行《おこな》えば、天下《てんか》服《ふく》せざる無《な》し。治乱《ちらん》の機《き》は公《こう》と不公《ふこう》とに在《あ》り。周子曰《しゅうしいわ》く、「己《おの》れに公《こう》なる者《もの》は、人《ひと》に公《こう》なり」と。伊川又公理《いせんまたこうり》を以《もっ》て仁字《じんじ》を釈《と》き、余姚《よよう》も亦博愛《またはくあい》を更《あらた》めて公愛《こうあい》と為《な》せり。并《あわ》せ攷《かんが》う可《べ》し。

人は貧富の差を憂うのではなく、等しからざるを憂うのである。上に立つ者は、「公平」

「公正」「公明」をモットーにせよ。

昔の儒者はみずから道徳を守り、人を教え導く師であった。まさに「師は厳格であり、その説く教えは尊い」ものであった。ところが昨今の儒者は徳を教えながら、その徳も守れず、教師面をしている。どこにも師としての厳格さがない。これは私自身も反省するところである。

◆第四〇条　古《いにしえ》の儒《じゅ》は立徳《りっとく》の師《し》なり。「師厳《しげん》にして道尊《みちたっと》し」。今《いま》の儒《じゅ》は立言《りつげん》のみ。言《げん》、徳《とく》に由《よ》らず。竟《つい》に是《こ》れ影響《えいきょう》のみ、何《なん》の厳《げん》か之《こ》れ有《あ》らん。自《みずか》ら反《かえりみ》ざる可《べ》けんや。

司馬《しば》温公《おんこう》（北宋の政治家）はいう。「子を養いて教えざるは父の罪《とが》なり。師道にして厳《げん》ならざるは師の怠《おこたり》なり。父教え師厳にして学問成らざるは子の罪《つみ》なり」と。まやかしの愛を注ぐ人気取りの親や教師はすべて失格である。

『論語』を講義するときは、慈愛に満ちた父親が諄々《じゅんじゅん》と教え諭す気持ちであらねばならない。『孟子』を教えるときは、兄が弟にいい聞かせる気持ちになればよい。『大学』を教えるときは、理路整然と網を一本の綱で引き締める気持ちがよい。『中庸』を教えるときは、素直な気持ちで、雲が山のほら穴から出るような自然の態度が必要である。

◆第四四条　論語《ろんご》を講《こう》ずるは、是《こ》れ慈父《じふ》の子《こ》を教《おし》うる意思《いし》。孟子《もうし》を講《こう》ずるは、是《こ》れ伯兄《はくけい》の季《き》を誨《おし》うる意思《いし》、大学《だいがく》を講《こう》ずるは、網《あみ》の綱《つな》に在《あ》るが如《ごと》く、中庸《ちゅうよう》を講《こう》ずるは、雲《くも》の岫《しゅう》を出《い》ずるが如《ごと》し。

『易経』は天から受けた人間の本性たる「性」の注釈である。『詩経』は「思い邪《よこしま》なし」とする情緒を詠んだもので「情」の注釈である。『書経』はわれわれの心理を説いたものであるから「心」の注釈である。

◆第四五条　易《えき》は是《こ》れ性《せい》の字《じ》の註脚《ちゅうきゃく》。詩《し》は是《こ》れ情《じょう》の字《じ》の註脚《ちゅうきゃく》。書《しょ》は是《こ》れ心《しん》の字《じ》の註《ちゅう》脚《きゃく》なり。

前条とともに西郷がみずからの『南州手抄言志録』に選んだということは、一斎先生の「四書五経」のこの解説に合点がいくところがあったのだろう。西郷の読書がいかに深く、広範囲にわたっていたかがわかる。

独特の意見や見識というものは、聞くほうにしてみれば初めて耳にすることなので驚く。だが、平凡な意見は常識のように聞こえるので、誰もが安心して受け入れる。しかし、人の話を聞くときは虚心坦懐《きょしんたんかい》、すなわち心を素直にして聞くべきである。仮にも耳慣れた意見ばかりをよしとして、異なる意見を嫌ってはいけない。

◆第五五条

独得《どくとく》の見《けん》は私《わたくし》に似《に》たり。人其《ひとそ》の驟《にわか》に至《いた》るを驚《おどろ》く。平凡《へいぼん》の議《ぎ》は公《おおやけ》に似《に》たり。世其《よそ》の狃《な》れ聞《き》くに安《やす》んず。凡《およ》そ人《ひと》の言《げん》を聴《き》くには、宜《よろ》しく虚懐《きょかい》にして之《これ》を邀《むか》うべし。苟《いやし》くも狃《な》れ聞《き》くに安《やす》んずる勿《な》くば可《か》なり。

人の話を好き嫌いで判断するのを偏見という。大事なのは「何が正しいのか」という真理の探究である。

自分は若いころ、学問上多くの疑問が湧いた。中年になっても同じであった。一つの疑問が起こるたびに、ものの見方が少しずつ変わり、学問が少しずつ進歩しているのを覚えた。ところが、近年（七十歳ごろ）になると、少しも疑問点がなくなり、学問もまた進歩しなくなってしまった。そこで初めて、白沙先生（明の儒者）のいわれた「疑うことは悟りを得る機会である」という言葉を信じることができた。要するに、聖人の道には終わりがなく、学問にも終わりがないということである。自分は年を取ったけれども、ますます励まなければと思うのである。

◆第五九条　余《よ》は年少《ねんしょう》の時《とき》、学《がく》に於《おい》て多《おお》く疑《うたがい》有《あ》り。中年《ちゅうねん》に至《いた》るも亦然《またしか》り。一疑《ぎ》起《おこ》る毎《ごと》に、見解《けんかい》少《すこ》しく変《へん》ず。即《すなわ》ち学《がく》の稍《やや》進《すす》むを覚《おぼ》えぬ。近年《きんねん》に至《いた》るに及《およ》びては、則《すなわ》ち絶《た》えて疑念《ぎねん》無《な》し。又《また》学《がく》も亦《また》進《すす》まざるを覚《おぼ》えぬ。乃《すなわ》ち始《はじ》めて信《しん》ず、「白《はく》沙《しゃ》の云《い》わゆる疑《うたがい》は覚悟《かくご》の機《き》なり」と。斯《こ》の道《みち》は窮《きわま》り無《な》く、学《がく》も亦《また》窮《きわま》り無《な》し。今《いま》老《お》いたりと雖《いえど》も、自《みずか》ら厲《はげ》まざる可《べ》けんや。

宗教と哲学（学問）との違いは、宗教は信じることから始まり、哲学（学問）は疑うことから始まることにある。

少年のときに学んでおけば、壮年になってから役に立ち、何事かを為すことができる。壮年のときに学んでおけば、老年になっても気力が衰えることはない。老年になっても学んでおけば、ますます見識も高くなり、社会に役立つこととなり、死んでからもその名は残る。

◆第六〇条

少《しょう》にして学《まな》べば、則《すなわ》ち壮《そう》にして為《な》すこと有《あ》り。
壮《そう》にして学《まな》べば、則《すなわ》ち老《お》いて衰《おとろ》えず。

老《お》いて学《まな》べば、則《すなわ》ち死《し》して朽《く》ちず。

佐藤一斎といえば、即座にこの条が出るほど最も有名な言葉。『近思録』にも「学ばざれば、すなわち老いて衰える」とある。別に死んでから名を残そうと思わなくても、学問の力というものは生涯の宝となることは間違いない。この条は原文で暗誦するとよい。

いまの学者は、学問が狭いから失敗するのではなく、広いために失敗している。また、その学問が偏っているから失敗するのではなく、追究の仕方が浅すぎて失敗するのである。

◆第六二条　今《いま》の学者《がくしゃ》は隘《あい》に失《うしな》わずして、博《はく》に失《うしな》い、陋《ろう》に失《うしな》わずして、通《つう》に失《うしな》う。

手を広げすぎることもいけないが、かといって重箱の隅をつつくような専門バカも困る。現在はスペシャリストは多いが、総合判断力のあるゼネラリストがいないのが実情である。

自分の心を深く掘り下げることは、たとえていえば縦の努力であり、博《ひろ》く書物を読むのは横の修行である。縦の努力は深く自己を反省して悟ることができるが、横の努力は薄っぺらになりがちで、なかなか自分のものとはならない。

◇第六三条　心理《しんり》は是《こ》れ竪《たて》の工夫《くふう》、博覧《はくらん》は是《こ》れ横《よこ》の工夫《くふう》、竪《たて》の工夫《くふう》は則《すなわ》ち深入《しんにゅう》自得《じとく》し、横《よこ》の工夫《くふう》は則《すなわ》ち浅易汎濫《せんいはんらん》す。

書物は知識を仕入れるだけでなく、それを受け入れ、実行する心があって初めて身につくということだろう。つまり縦と横のバランスが必要だと。

世間に心学と称する一種の学問がある。女や子どもには多少の利益がないでもない。しかし、これらは町中におけるエセ学者の類である。武士や立派な人がこれらを学べば、通俗な人物となり、正義の意気を失ってしまう。だから、もともと武士の学ぶべきものではない。もし

殿様がこれを誤用するならば、武士の意気を減じ、臆病にさせてしまうのでよろしくない。

◆**第六七条** 世《よ》に一種《しゅ》の心学《しんがく》と称《しょう》する者有《ものあ》り。女子《じょし》、小人《しょうじん》に於《お》ては寸益無《すんえきな》きに非《あら》ず。然《しか》れども要《よう》するに郷愿《きょうげん》の類《るい》たり。士君子《しくんし》にして此《これ》を学《まな》べば、則《すなわ》ち流俗《りゅうぞく》に汨《しず》み、義気《ぎき》を失《うしな》い、尤《もっと》も武弁《ぶべん》の宜《よろ》しき所《ところ》に非《あら》ず。人主誤《じんしゅあやま》って之《こ》れを用《もち》いば、士気《しき》をして怯懦《きょうだ》ならしめむ。殆《ほとん》ど不可《ふか》なり。

心学とは石田梅岩（商人出身）が唱えた学問のことで、江戸中期以降、町人百姓たちに絶大なる人気があった。一斎先生は、幕府の昌平黌（いまでいえば東京大学）の儒官であったから、武士への戒めとして、心学を通俗平易なものと批判しているのだろうが、この条はあまりいただけない。学問は決して武士だけのものではなく、難しいから正しいというわけでもない。

人を見るときは、その人の優れたところを見るべきで、短所を見ては

いけない。短所を見れば自分が優れているので、おごりの心が生じ、自分のためにならない。だが、長所を見れば、相手が自分より優れていることがわかり、これに啓発され、励まされるから、自分の利益となる。

◆第七〇条

我《わ》れは当《まさ》に人《ひと》の長処《ちょうしょ》を視《み》るべし。人《ひと》の短処《たんしょ》を視《み》ること勿《なか》れ。短処《たんしょ》を視《み》れば、則《すなわ》ち我《わ》れ彼《か》れに勝《まさ》り、我《わ》れに於《おい》て益《えき》無《な》し。長処《ちょうしょ》を視《み》れば、則《すなわ》ち彼《か》れ我《わ》れに勝《まさ》り、我《わ》れに於て益《えき》有《あ》り。

「人の振り見て、わが振り直せ」とはいうが、意外に人は自分の長所や短所には気がつかない。相手の長所・短所がわかるというのは自分の長所・短所がわかるからであって、問題はまずそこからである。

志が人より高いからといっても、それは決して傲慢な思いではない。また、人の後について身を低くしていられるのは、それは決して萎縮しているのでも、醜いことでもない。

◆第七一条　志《こころざし》、人《ひと》の上《うえ》に出《い》ずるは、倨傲《きょごう》の想《そう》に非《あら》ず。身《み》、人後《じんご》に甘《あま》んずるは、萎苶《いでつ》の陋《ろう》に非《あら》ず。

十九世紀を代表するイギリスの詩人ワーズワースも、「身は低く、志は高く」といっている。高尚な志と謙譲な態度こそ本物の道である。

経書を読むときは、自分の心で経書の真意を汲み取り、経書の真意で自分の心を解釈するのがよい。ところが上っ面《つら》だけを読んで、いたずらに文字の意義や解釈をしているだけなら、それは一生のあいだ何も読まなかったことと同じである。

◇第七六条　経《けい》を読《よ》むには、宜《よろ》しく我《わ》れの心《こころ》を以《もっ》て、経《けい》の心《こころ》を読《よ》み、経《けい》の心《こころ》を以《もっ》て我《わ》れの心《こころ》を釈《と》くべし。然《しか》らずして、徒爾《とじ》に訓詁《くんこ》を講明《こうめい》するのみならば、便《すなわ》ち是《こ》れ終身曾《しゅうしんかつ》て読《よ》まざるがごとし。

「四書五経」（『論語』『孟子』『大学』『中庸』を四書。『易経』『書経』『詩経』『礼記』『春秋』を五経）などの経書は、もともとが天の理を著したものだから、いわば心を磨くための書である。だから字面や注釈にとらわれずに本質を理解することが大切。

◆第七九条

人体でいえば、臍《へそ》は子どもが母胎にいるとき、気を受ける蒂《ほぞ》であるから、精気はこの臍から発する。だから、気を臍下丹田《せいかたんでん》に蓄え、臍の上の力を抜いて、呼吸は臍の上と通じ、筋肉の力は臍の下から発するようにして体を動かすべきである。何かを考えるときも、何事かをなそうとするときも、すべてはここに根源がある。その他あらゆる技能もみんな臍の下の臍下丹田に力を満たすことから始まる。

人身《じんしん》にて臍《せい》を受気《じゅき》の蒂《てい》と為《な》せば、則《すなわ》ち震気《しんき》は此《こ》れよりして発《はっ》しぬ。宜《よろ》しく実《じつ》を臍下《せいか》に畜《たくわ》え、虚《きょ》を臍上《せいじょう》に函《い》れ、呼吸《こきゅう》は臍上《せいじょう》と相消息《あいしょうそく》し、筋力《きんりょく》は臍下《せいか》よりして運動《うんどう》すべし。思慮云為《しりょううんい》、皆此《みなこれ》に根柢《こんてい》す。凡百《ぼんひゃく》の技能《ぎのう》も亦多《またおお》く此《か》くの如《ごと》し。

臍下丹田は読んで字のごとく臍の少し下で、一般に「下っ腹」と呼ばれるところである。「腹が据わっている」「腹をくくる」「腹を決める」といった言葉があるように、ここは昔から〝気の溜まり〟とされ、魂もここに宿るという。だからサムライは切腹するとき、自分の魂を見せるために、ここを切るのである。

十分に弓を引き絞って的に当てれば、決して無駄な矢はない。仕事をするのも、同じように十分に準備をして事に当たれば、失敗することはない。

◆第八七条　満《まん》を引《ひ》いて度《ど》に中《あた》れば、発《はっ》して空箭無《くうぜんな》し。人事宜《じんじよろ》しく射《しゃ》の如《ごと》く然《しか》るべし。

国が乱れているときに、わが身を国のために捧げるというのは、さほど難しいことではない。だが、世の中が平安のときに、国のために身

を粉にして奉公するのは困難なことである。

◆第九一条　国乱《くにみだ》れて身《み》を殉《じゅん》ずるは易《やす》く、世治《よおさま》って身《み》を韲《さい》するは難《かた》し。

「国乱れて忠臣《ちゅうしん》現れ、家貧《ひん》にして孝子《こうし》出《い》ず」との言葉があるが、国も乱れず、家も貧しくなかったら、忠臣も孝子（親孝行な子）も現れる必要はない。だから、もっと立派な忠臣・孝子は平和を維持し、家を貧しくしなかった人ということになる。

人は無我の境地になれば、わが身を忘れるもので、そこにあるのは正義のみ。また、物欲がなければ、眼中人なし、ただあるのは勇往邁進の勇気のみである。

◇第九八条　我《わ》れ無《な》ければ則《すなわ》ち其《そ》の身《み》を獲《え》ず。即《すなわ》ち是《こ》れ義《ぎ》なり。物無《もの な》ければ則《すなわ》ち其《そ》の人《ひと》を見《み》ず。即《すなわ》ち是《こ》れ勇《ゆう》なり。

「わが身を反省して、少しも恥じるところがなければ」とは、無我の境地にあるときである。「千万人といえども我れ往かん」と勇気が湧くときは、物欲にとらわれない状態である。

◆第九九条　「自《みずか》ら反《かえ》りみて縮《なお》ければ」とは、我れ無《な》きなり。「千万人《せんばんにん》と雖《いえど》も吾《われ》往《ゆ》かん」とは、物無《ものな》きなり。

孟子の「自ら反りみて縮ければ、千万人と雖も吾往かん」を解説したもの。西郷は遺訓の中で「己を愛するは善《よ》からぬことの第一なり」と語っているが、無我とか無一物の対極にあるのが自己愛である。つねに〝捨て身〟になれば怖いものはない。

孫子の兵法に「彼を知り、己を知れば百戦殆《あやう》からず」とある。敵情を知ることは、難しそうに見えてやさしいが、味方を知ることは、やさしいようで難しい。

◆第一〇三条　彼《かれ》を知《し》り己《おのれ》を知《し》れば、百戦《せん》百勝す。彼《かれ》を知《し》るは、難《かた》きに似《に》て易《やす》く、己《おのれ》を知《し》るは、易《やす》きに似《に》て難《かた》し。

本当の味方とは、成功したとき、心の底から喜んでくれる人のことである。その証拠に、同僚が自分より先に出世したとき、心の底から喜べる人はごく少数だろう。

◆第一〇五条　器械《きかい》を頼《たの》むこと勿《なか》れ。当《まさ》に人心《じんしん》を頼《たの》むべし。衆寡《しゅうか》を問《と》うこと勿《なか》れ。当《まさ》に師《し》律《りつ》を問《と》うべし。

戦いにおいては武器に依存するな。人の和を頼りにすべきである。また、軍勢が多いか少ないかは問題ではない。軍律が保たれているかどうかに注意しなければならない。

会社が危なくなるとき、あるいは学校現場が荒れ狂うとき、組織は「整理整頓、挨拶、人の和」の順で乱れるという。逆に再建の三要素は「場を清め、礼を尽くし、チームワーク」である。

英雄豪傑は普通の人ではないのだから、そうそう世に現れるものではない。だが、このような優れた人物であっても、低い地位に埋もれて、志を伸ばすチャンスがなければ、その才能を発揮することはできない。幸いにして、立派な地位を得ることができれば、遠大な計略を企てて大事業を成し遂げることができる。そうした例は数多くある。ところで現在、諸外国のトップがどのような人物であるかはわからない。だが、彼らがどのような人物であろうとも、平素からこちらの準備が怠りなければ、何ら心配することはない。平和なときこそ準備すべきである。

◆第一一三条　英傑《えいけつ》は非常《ひじょう》の人物《じんぶつ》にして、固《も》と不世出《ふせいしゅつ》たり。然《しか》れども下位《かい》に屈《くっ》して志《こころざし》を得《え》ざれば、則《すなわ》ち其《そ》の能《のう》を肆《ほしいまま》にする能《あた》わず。幸《さいわい》に地位《ちい》を得《う》れば、則《すなわ》ち或《あるい》は遠略《えんりゃく》を図《はか》ること、古今往往《ここんおうおう》に之《こ》れ有《あ》り。知《し》らず、当今諸蕃君長《とうこんしょばんくんちょう》の人物果《じんぶつはた》して何如《いかん》を。蓋《けだ》し備《そな》え有《あ》れば患無《うれいな》し。我《わ》れは惟《た》だ当《まさ》に警《いまし》めを無事《ぶじ》の日《ひ》に致《いた》すべきのみ。

この条は国家の準備をいっているのであるが、事を為すにはやはり準備が必要である。井伊直弼は若きころ出世の望みを断たれ「埋木舎《うもれぎのや》」で逼塞していたが、大老になるに及んで、そこで勉学に励んだことが大いに役立っている。

国民の志気が振るわなければ、国家の防衛を強固にすることはできない。防衛が堅くなければ、国民の愛国心も強固にすることはできない。その志気を奮起させるには、上に立つ者がみずから奮い立って率先垂範するところにある。このほかによい方法はない。

◆第一一五条　士気振《しきふる》わざれば、則《すなわ》ち防禦固《ぼうぎょかた》からず。防禦固《ぼうぎょかた》からざれば、則《すなわ》ち民心《みんしん》も亦固《またかた》きこと能《あた》わず。然《しか》れども其《そ》の士気《しき》を振起《しんき》するは、人主《じんしゅ》の自《みずか》ら奮《ふる》いて以《もっ》て率《そっ》先《せん》を為《な》すに在《あ》り。復《ま》た別法《べっぽう》の設《もう》く可《べ》き無《な》し。

戦いの常として、最初に勝った者は、必ず傲慢な心を起こす。傲慢になると必ず怠慢になる。怠慢になると努力を忘れるので終《つい》には敗れる。反対に、初め敗れた者は「今度こそは」と発憤する。発憤する者は努力する。努力する者は最後には勝利する。ゆえに一軍を率いる指導者は、一時の勝敗にとらわれることなく、よく兵の志気を奮い立たせ、義勇を鼓舞し、勝利を収めても傲慢にならず、敗れても挫《くじ》けないように努めなければならない。これが戦いの要諦である。

◆第一一九条

戦伐《せんばつ》の道《みち》、始《はじめ》に勝《か》つ者《もの》は、将卒必《しょうそつかなら》ず驕《おご》る。驕《おご》る者《もの》は怠《おこた》る。怠《おこた》る者《もの》は或《あるい》は終《つい》に衄《じく》す。始《はじめ》に衄《じく》する者《もの》は、将卒必《しょうそつかなら》ず憤《いきどお》る。憤《いきどお》る者《もの》は厲《はげ》む。厲《はげ》む者《もの》は遂《つい》に終《おわり》に勝《か》つ。故《ゆえ》に主将《しゅしょう》たる者《もの》は、必《かなら》ずしも一時《じ》の勝敗《しょうはい》を論《ろん》ぜずして、只《た》だ能《よ》く士気《しき》を振厲《しんれい》し、義勇《ぎゆう》を鼓舞《こぶ》し、之《これ》をして勝《か》って驕《おご》らず、衄《じく》して挫《くじ》けざらしむ。是《こ》れを要《よう》と為《な》すのみ。

勝って奢らず、敗れて腐らず。捲土重来《けんどちょうらい》、臥薪嘗胆《がしんしょうたん》の心意気。これは人生全般においてもいえることである。

全軍の調和がとれていなければ、戦うことはできない。役人全体がまとまっていなければ、よい政治などできない。『書経』に「たがいに心を一つにし、敬い、心の底から誠意をもって接し合おうではないか」とあるが、この「和」の一字こそ、国家の存亡に関わる重大事だからである。

◆第一二三条　三軍和《ぐんわ》せずんば、以《もっ》て戦《たたかい》を言《い》い難《がた》し。百官和《かんわ》せずんば、以《もっ》て治《ち》を言《い》い難《がた》し。書《しょ》に云《い》う。「寅《つつしみ》を同《おな》じゅうし、恭《うやうや》しきを協《かな》えて、和衷《わちゅう》せん哉《かな》」と。唯《た》だ和《わ》の一字《じ》、治乱《ちらん》を一串《かん》す。

聖徳太子が定めた一七条憲法の第一条に「和を以て貴しと為す」といっているように、

日本思想史を研究していると、この「和の精神」こそ日本人の原理思想だということがわかる。だからこそ日本人は神道があるにもかかわらず、外来の仏教も儒教もキリスト教も何でも「いいとこ取り」して〝日本教〟といったものに変えていけるのである。

人は才能があっても度量がなければ、人を包容することはできない。反対に度量があっても才能がなければ、事を成就することはできない。才能と度量と二つを兼ね備えることができないとしたら、才能を棄てて度量のある人物になれ。

◆第一二五条　才《さい》有《あ》りて量《りょう》無《な》ければ、物《もの》を容《い》るる能《あた》わず。量《りょう》有《あ》りて才《さい》無《な》ければ、亦《また》事《こと》を済《な》さず。両者《りょうしゃ》兼《か》ぬることを得可《うべ》からずんば、寧《むし》ろ才《さい》を舎《す》てて量《りょう》を取《と》らん。

才能は頭の問題、度量は人格（心）の問題。才能はなければ人から借りればよいが、人格はそうはいかない。

大臣の地位にある者は天下の事情に通じ、物事を処理するにおいては公明正大でなければならない。事情に通じてなければ、一方に偏ってしまうし、公明正大でなければ、頑固になってしまう。

◇第一二六条　相位《しょうい》に居《い》る者《もの》は、最《もっと》も宜《よろ》しく明通公溥《めいつうこうふ》なるべし。明通《めいつう》ならざれば則《すなわ》ち偏《へん》狭《きょう》なり。公溥《こうふ》ならざれば則《すなわ》ち執拗《しつよう》なり。

『南州翁遺訓』はこの条を踏まえて、次のように語っている。

「万民の上に位置する者は、己を慎み、品行を正しくし、倹約に努め、職務を努力し、人民の見本とならねばならない。そして民衆がその働きぶりを見て、気の毒だなあと思うようであらねば政治は行えない」

　これこそ上に立つ者の心得である。


「水が清らかに澄みすぎていると魚は棲まないし、木がまっすぐすぎると陰ができない」とは、政治はあまりにも度が過ぎるとよくないと

いうことで、これは為政者に対する深い戒めである。また「あそこに取り残された稲穂があり、こちらには稲穂が落ちている。独身者がこれを拾って利用する」とあるのは、そこまでは政治が関与するなということである。

◆第一三六条　「水至《みずいた》って清《きよ》ければ、則《すなわ》ち魚無《うおな》く、木直《きちょく》に過《す》ぐれば、則《すなわ》ち蔭無《かげな》し」とは、政《まつりごと》を為《な》す者《もの》の深戒《しんかい》なり。「彼《かしこ》に遺秉有《いへいあ》り。此《ここ》に滞穂有《たいすいあ》り。伊《こ》れ寡婦《かふ》の利《り》なり」とは、飜《ほん》して政事《まつりごと》と做《な》す。亦《また》儘《たまたま》好《よ》し。

江戸時代、賄賂政治が横行した田沼政権に代わって登場した松平定信は、一転して厳格・清廉な「寛政の改革」を行った。だが、「白河の　清きに魚の　すみかねて　もとの濁りの　田沼こひしき」と狂歌が出るに及んで、その改革は失敗し、定信も罷免された。〝水清ければ魚《うお》棲《す》まず〟のたとえどおり、人もどこかに少年のような無邪気さがあったほうが好まれるものだ。

上役に対する心得は、あたかも父兄のように敬い、従うことを第一とするがよい。もし自分の意見が合わない場合は、しばらくの間、いったことをそのままにしておいて、立場を変えて自分が上役になったつもりで、よく考えてみるがよい。

だが、どうしても、上役の言葉に従うことができないならば、部下だからといって、軽々に従ってはならない。こうした場合には、顔色をやわらげ、温和に論議すべきで、決して上役をあなどるような態度を示してはよくない。

◆第一四八条　官長《かんちょう》を視《み》るには、猶《な》お父兄《ふけい》のごとくして、宜《よろ》しく敬順《けいじゅん》を主《しゅ》とすべし。吾《わ》が議《ぎ》若《も》し合《あ》わざること有《あ》らば、宜《よろ》しく姑《しばら》く前言《ぜんげん》を置《お》き、地《ち》を替《か》えて商思《しょうし》すべし。竟《つい》に不可《ふか》なること有《あ》らば、苟従《こうじゅう》す可《べ》きに非《あら》ず。必《かなら》ず当《まさ》に和悦《わえつ》して争《あらそ》い、敢《あえ》て易慢《いまん》の心《こころ》を生《しょう》ぜざるべし。

人情が自分に向かうか背《そむ》くかは敬《けい》と慢《まん》の違いにある。すなわち、尊敬の念をもって人に接すれば自分に向かってくるし、あなどる心があれば人に背かれる。また、人に対して恵みをほどこし、恩に報いる道も、おろそかにしてはならない。恩や怨は、どうかすると小さなことから起こるものだから、十分に考慮して、行動を慎むべきである。

◆第一五一条　人情《にんじょう》の向背《こうはい》は、敬《けい》と慢《まん》とに在《あ》り。施報《せほう》の道《みち》も亦忽《またゆるがせ》にす可《べ》きに非《あら》ず。恩怨《おんえん》は或《あるい》は小事《しょうじ》より起《おこ》る。慎《つつし》む可《べ》し。

「慢」は人生の陥穽《かんせい》（落とし穴）である。傲慢《ごうまん》・自慢・慢罵《まんば》・慢心・慢気・怠慢、これらはすべて人から嫌われるもととなり、油断を生じさせる。

思い切って断行する、ということは正義からくることもあり、知恵からくることもあり、勇気からくることもある。このうち、正義と知恵とを合わせてくる場合が、最良の果断である。単に勇気だけの果断は危険である。

◆第一五九条　果断《かだん》は義《ぎ》より来《きた》る者有《ものあ》り。智《ち》より来《きた》る者《もの》あり。勇《ゆう》より来《きた》る者有《ものあ》り。義《ぎ》と智《ち》とを幷《あわ》せて来《きた》る者有《ものあ》り。上《じょう》なり。徒勇《とゆう》のみなるは殆《あやう》し。

「義を見てせざるは勇なきなり」（『論語』）で、勇気はつねに義とのセットでなければならない。それ以外は「蛮勇」とか「匹夫の勇」といって勇気の未熟児とされている。

◆第一六二条　公私《こうし》は、事《こと》に在《あ》り、又情《またじょう》に在《あ》り。事公《ことおおやけ》にして情私《じょうわたくし》なる者之《ものこ》れ有《あ》り。事《こと》私《わたくし》にして情公《じょうおおやけ》なる者《もの》も之《こ》れ有《あ》り。政《まつりごと》を為《な》す者《もの》、宜《よろ》しく人情事理《にんじょうじり》軽重《けいちょう》

公と私は、物事にもあるし、人情にもある。物事は公的な場合であっても私情がそれに伴うものがあり、私的なものでも公情で処理しなければならない場合もある。政治家はこの辺の事情をよく見極めて、人情と義理の軽い重いを考え、多くの人が納得する中ほどのところを国民に施行するのがよい。

の処《ところ》を権衡《けんこう》して、以《もっ》て其《そ》の中《ちゅう》を民《たみ》に用《もち》うべし。

すべてはバランス。「中庸は誠の道」（『中庸』）である。

役人たちが集まって話すことは、たいていは昇進とか左遷とか昇給とか、あるいは金銭上の損益のことである。自分はそのような話は大嫌いである。だが、平常これに聞き慣れてしまうと、知らず知らずのうちに、自分も時折話すこともある。このことは自戒しなければならない。

◆第一六三条　吏人《りじん》相《あい》集《あつま》りて言談《げんだん》すれば、多《おお》くは是《こ》れ仕進《ししん》の栄辱《えいじょく》、貨利《かり》の損益《そんえき》なり。吾《わ》れ甚《はなは》だ厭《いと》う。然《しか》るに、平日《へいじつ》聴《き》くに慣《な》れ、覚《おぼ》えず偶《たまたま》自《みずか》ら冒《おか》しぬ。戒《いまし》む可《べ》し。

これは役人病といわれるものの一種で、今日の役人世界でもまったく変わらない。おそらく彼らは直接、生産や営業に従事していないので、事を成す喜びが少ないのであろう。

だから、役人と話しても話題が少なくてツマラナイのである。

たとえ不良少年であっても見捨ててはいけない。彼らに学問の修養を勧めるのは、悔いて悟らせるための方法である。いったん悔い悟れば、以前の悪いことを追及してはならない。その子が無法なことをしたとしても、才能があればなおさらである。その才能は必ず何かを成就するに違いない。『易経』に「小人は理非の分別がなく、悪いほうへ昇ろうとするが、その昇る心は長所となるから、これを善いことに向ければ、立派なものになる」といっているのは、このことである。

◆第一六六条

游蕩《ゆうとう》の子弟《してい》も、亦《また》棄《す》つ可《べ》きに非《あら》ず。学問《がくもん》脩為《しゅうい》を慫慂《しょうよう》するは、即《すなわ》ち悔悟《かいご》の法《ほう》なり。一旦《たん》悔悟《かいご》すれば、旧悪《きゅうあく》は追《お》う可《べ》からず。況《いわん》や其《そ》の無頼《ぶらい》を為《な》すも、亦《また》才《さい》に出《い》ずるをや。才《さい》は則《すなわ》ち為《な》す所有《ところあ》り。易《えき》に云《い》う、「冥《くら》くして升《のぼ》る。已《や》まざるの貞《てい》に利《り》あり」と。此《こ》れを謂《い》うなり。

子どもは見捨てるからダメになるのである。親や教師が命懸けでぶつかれば、どんな子どもでも救える。いまの大人にはその覚悟がない。

自分でいう言葉は自分の耳で聞くがよい。自分の立ち居振る舞いは自分の目で見るがよい。自分で見、自分で聞いて、心に恥じるところがなければ、人もまた敬服するであろう。

◆第一六九条　**我《わ》が言語《げんご》は、吾《わ》が耳《みみ》自《みずか》ら聴《き》く可《べ》し。我《わ》が挙動《きょどう》は、吾《わ》が目《め》自《みずか》ら視《み》る可《べ》し。視聴《しちょう》既《すで》に心《こころ》に愧《は》じざらば、則《すなわ》ち人《ひと》も亦《また》必《かなら》ず服《ふく》せん。**

客観的に自分の耳、目で確かめるとは、「人の振り見て、わが振り直せ」ということだろうが、だいたいその人の品性は「友は自分の鏡」というように友人を見ればわかる。

独りで居るときの修養は、自分が大勢の集まりの中にいるような気持

ちでいればよい。また、人との応対の修養は、独りで閑静な住まいにいるのと同じ気持ちでいればよい。

◆第一七二条　慎独《しんどく》の工夫《くふう》は、当《まさ》に身《み》の稠人広坐《ちゅうじんこうざ》の中《うち》に在《あ》るが如《ごと》きと一般《ぱん》なるべく、応《おう》酬《しゅう》の工夫《くふう》は、当《まさ》に間居独処《かんきょどくしょ》の時《とき》の如《ごと》きと一般《ぱん》なるべし。

「君子は必ず独りを慎む」（『大学』）とある。立派な人はたとえ独りで居ても、恥ずかしい行いはしないとの意味である。この逆が「小人閑居して不善をなす」で、つまらぬ人物は独りでいると、ヒマをもてあまして悪いことをするの意味。

時々刻々と時間は移るが、つねに現在の時点に心を集中しておかねばならない。まだ来もしない将来を迎えることはできないし、過ぎ去った過去を追いかけても追いつかない。過去にこだわったり、来もしない未来に心を乱すのは、本心を忘れている状態である。

◇第一七五条　心《こころ》は現在《げんざい》なるを要《よう》す。事未《ことい》だ来《きた》らざるに、邀《むか》う可《べ》からず。事已《ことすで》に往《ゆ》けるに、追《お》う可《べ》からず。纔《わずか》に追《お》い纔《わずか》に邀《むか》うとも、便《すなわ》ち是《こ》れ放心《ほうしん》なり。

過去は及ばず、未来は知れず、いま、このときだけを考えろ、ということだ。現在、ただいま生きているこの瞬間が人生。これを西洋哲学では「永遠なるいま」という。未来を大事にしたいと思うのならば、いまを大事に生きろということである。

◆第一八四条

人生には順境もあれば逆境もある。これは栄枯盛衰の自然の法則で、少しも不思議ではない。だが、順境・逆境といっても、順境の中にも逆境があり、逆境の中にも順境がある。だから、逆境にあっても不満や自暴自棄の気持ちを起こさず、順境にあっても慢心や怠け心を起こしてはいけない。ただ、敬の一字をもって終始一貫すればよい。

人《ひと》の一生《しょう》には、順境有《じゅんきょうあ》り。逆境有《ぎゃっきょうあ》り。消長《しょうちょう》の数《すう》、怪《あやし》む可《べ》き者無《ものな》し。余《よ》又自《またみずか》ら検《けん》するに、順中《じゅんちゅう》の逆有《ぎゃくあ》り、逆中《ぎゃくちゅう》の順有《じゅんあ》り。宜《よろ》しく其《そ》の逆《ぎゃく》に処《しょ》して、敢《あえ》て易心《いしん》を生《しょう》ぜず、其《そ》の順《じゅん》に居《お》りて、敢《あえ》て惰心《だしん》を作《おこ》さざるべし。惟《た》だ一の敬《けい》の字《じ》、以《もっ》て逆順《ぎゃくじゅん》を貫《つらぬ》けば可《か》なり。

「ピンチはチャンス」という言葉もあり、「極楽は地獄の始まり」との言葉もある。要は、順逆の受け止め方であり、そのときをどう過ごすかにかかっている。

物というものは、人が必要とするところに集まり、人によって動かされる。つまりは人為的。事件というものは、いつどこでどんな形で起こるかわからない。つまりは天為的である。

◆第一八九条　物《もの》、其《そ》の好《この》む所《ところ》に集《あつま》るは、人《ひと》なり。事《こと》、期《き》せざる所《ところ》に赴《おもむ》くは、天《てん》なり。

自分の力ではどうすることもできないことが起こる場合がある。だが、それでも、「人事を尽くし天命を待つ」しかない。

富める人をうらやんではいけない。その人の富が、どうして後日の貧乏を招かないものといえるだろうか。貧しい人を馬鹿にしてはならない。その人の今の貧乏が、どうして将来の富のもとでないといえるだろうか。貧富は天の定めるところであるから、各人はその分（立場・環境）に安んじて最善を尽くせばいいのである。

◆第一九〇条　富人《ふじん》を羨《うらや》むこと勿《なか》れ。渠《か》れ今《いま》の富《とみ》は、安《いず》くんぞ其《そ》の後《のち》の貧《ひん》を招《まね》かざるを知《し》らんや。貧人《ひんじん》を侮《あなど》ること勿《なか》れ。渠《か》れ今《いま》の貧《ひん》は、安《いず》くんぞ其《そ》の後《のち》の富《とみ》を胎《たい》せざるを知《し》らんや。畢竟天定《ひっきょうてんてい》なれば、各《おのおの》其《そ》の分《ぶん》に安《やす》んじて可《か》なり。

昨日の貧者は今日の富者、今日の富者は明日の貧者。人生は運否天賦《うんぷてんぷ》ともいえるが、その多くは自分の意志次第で決まっていく。

他人に禍《わざわい》の起こるのを見て、自分に禍のないことで平安を知り、人の幸福を見て、自分は幸福ではないが、そのため人から妬《ねた》まれていないことで、かえって心の安穏を得ることができる。心が穏やかなことが、最高の幸せである。

◆第一九二条　人《ひと》の禍《か》有《あ》るを見《み》て、我《わ》が禍無《かな》きの安《やす》らかなるを知《し》り、人《ひと》の福有《ふくあ》るを見《み》て、我《わ》が福無《ふくな》きの穏《おだや》かなるを知《し》る。心《こころ》の安穏《あんおん》なる処《ところ》は、即《すなわ》ち身《み》の極楽《ごくらく》なる処《ところ》なり。

人を愛することと、自分を慎むことの「愛・敬」の二文字は、交際上で最も大切な道である。おごり高ぶった態度で、人を見下すべきではないし、人を馬鹿にして笑ったりしてはいけない。『書経』旅獒《りょごう》篇に「人を侮《あなど》ったり、からかうことは、自分の徳を失うことになる」とあるが、これは誠に優れた戒めである。

◆第一九八条　愛敬《あいけい》の二字《じ》は、交際《こうさい》の要道《ようどう》たり。傲視《ごうし》して以《もっ》て物《もの》を凌《しの》ぐこと勿《なか》れ。侮咲《ぶしょう》して以《もっ》て人《ひと》を調《ちょう》すること勿《なか》れ。旅獒《りょごう》に、「人《ひと》を玩《もてあそ》べば徳《とく》を喪《うしな》う」とは、真《しん》に是《こ》れ明戒《めいかい》なり。

『書経』旅獒篇のもとの言葉は「人をもてあそべば徳を喪い、物をもてあそべば志を喪う」という。自分に利益をもたらす人や目上の人だけには、礼節を尽くし、目下の人あるいは利益にならない人には、いいかげんなつき合いをしているような者は、いつしか徳を失い、また物を粗末にしている者は、自分の志まで失ってしまうということである。陰ひなたのある者は「裏表のある人」として嫌われるし、物を粗末にする人は心を粗末にする人につながるからである。

人にはそれぞれ本分というものがあるから、人はその本分に満足して生活すべきである。だが、学問の場合だけは、どこまでも突き進んで満足してはならない。

◆第二〇二条　人《ひと》各《おのおの》分《ぶん》有《あ》り。当《まさ》に足《た》るを知《し》るべし。但《た》だ講学《こうがく》は則《すなわ》ち当《まさ》に足《た》らざるを知《し》るべし。

分をはき違えることを「分不相応」というが、この例はイソップ物語がイヤというほど教えてくれる。たとえば、牛の大きさを真似て腹をパンクさせたカエルの話、龍にあこがれた狐が龍になろうとして身を伸ばしすぎて裂けてしまった話など。だから、ソクラテスは「汝、自身を知れ」といったのだ。だが、学問の向上だけは、これで終わりということはない。

薬は甘味が苦味の中から出てくるものに多くの効能がある。人間もそれと同じように、艱難辛苦を経験すると、考えが自然と深く細やかになり、何事もよく成就する。このことは互いによく似ている。

◆第二〇四条　薬物《やくぶつ》は、甘《かん》の苦中《くちゅう》より生《しょう》ずる者多《ものおお》く効有《こうあ》り。人《ひと》も亦艱苦《またかんく》を閲歴《えつれき》すれば、則《すなわ》ち思慮《しりょ》自《おのずか》ら濃《こまや》かにして、恰《あたか》も好《よ》く事《こと》を済《すま》す。此《こ》れと相似《あいに》たり。

諺に「艱難汝を玉にす」というように、苦労は人を磨く研磨機《けんまき》である。次の条と合わせて吟味すべし。

辛く苦しいことは人の心を引き締めて強固にする。だから一緒に苦労を味わってきた者は、交わりを結ぶことも緊密で、いつまでも互いを忘れることはない。「糟《かす》や糠《ぬか》をなめてともに苦労した妻は、出世してからもいっそう大事にする」とは、この類である。

◆第二〇五条　艱難《かんなん》は能《よ》く人《ひと》の心《こころ》を堅《かた》うす。故《ゆえ》に共《とも》に艱難《かんなん》を経《へ》し者《もの》は、交《まじわり》を結《むす》ぶも亦密《またみつ》にして、竟《つい》に相忘《あいわす》るる能《あた》わず。「糟糠《そうこう》の妻《つま》は堂《どう》を下《くだ》さず」とは、亦此《またこ》の類《るい》なり。

いわゆる「糟糠《そうこう》の妻」の出典は、『後漢書』の「貧賤の交わりは忘るべからず。糟糠の妻は堂より下さず」である。堂より下さずとは、家から追い出さないの意。ところが最近は、その苦労を忘れて、出世すると離婚する夫婦が多い。これを不人情という。

人から怨まれないようにする方法は「恕《じょ》」、すなわち思いやりの一字である。争いをしない方法は「譲《じょう》」、すなわち一歩下がって譲るの一字である。

◆第二二三条　恕《うらみ》に遠《とお》ざかるの道《みち》は、一箇《こ》の恕《じょ》の字《じ》にして、争《あらそい》を息《や》むるの道《みち》は、一箇《こ》の譲《じょう》の字《じ》なり。

世間一般の事柄については、人より一歩下がって譲る心が大切である。だが、志だけは師や古人に対しても遠慮することはない。

◆第二二九条　人事《じんじ》百般《ぱん》、都《す》べて遜譲《そんじょう》なるを要《よう》す。但《た》だ志《こころざし》は則《すなわ》ち師《し》に譲《ゆず》らずして可《か》なり。又《また》古人《こじん》に譲《ゆず》らずして可《か》なり。

石は重いから簡単には動かない。大木は根が深いから簡単には抜けない。人間もこれと同じように、自分の言動には自重して、軽々しい振る舞いをしないようにしなければならない。

◆第二二二条　石重《いしおも》し。故《ゆえ》に動《うご》かず。根深《ねふか》し。故《ゆえ》に抜《ぬ》けず。人《ひと》は当《まさ》に自重《じちょう》を知《し》るべし。

『呻吟語《しんぎんご》』には「深沈厚重《しんちんこうじゅう》なるは、これ第一等の資質なり」とある。どっしりと落ち着いて深みのある人物が最高という意味だ。頭が切れて弁の立つ「聡明才弁型《そうめいさいべん》」は第三等に置かれ、いまひとつ信頼性に欠けるようだ。

世の中の人は誰もが、自分の部屋を掃除することは知っていても、自分の心を掃除することを知らない。悪を除いて善行に移るときは、少しも悪を残さず、過ちを改めるときは、わずかな過ちも残さない。このように自分の心の掃除をしようと思っているが、なかなかできずにいる。

◆第二二三条　人皆一室《ひとみないっしつ》を洒掃《さいそう》するを知《し》って、一心を洒掃《さいそう》するを知《し》らず。善《ぜん》に遷《うつ》りて毫髪《ごうはつ》を遺《のこ》さず、過《か》を改《あらた》めて微塵《みじん》を留《とど》めず。吾《わ》れ洒掃《さいそう》の是《か》くの如《ごと》くなるを欲《ほっ》して、而《しか》も未《いま》だ能《あた》わず。

心の掃除をするということは、自分だけがよければとの私利私欲を捨て、「傲《ごう》」とか「慢《まん》」の字を「敬」とか「恕」という字に置き換えることだろう。

大富豪の人は、自分が金持ちであることを知らずにいる。本当に身分の貴い人は、自分が高い身分にいることを知らずにいる。それと同じように、道徳でも功績でも、本当に偉大なるものは、自分ではわからないもののようだ。

◆第二二六条　至富《しふ》なれば、自《みずか》ら其《そ》の富《ふ》たるを知《し》らず、至貴《しき》なれば、自《みずか》ら其《そ》の貴《き》たるを知《し》らず。道徳功業《どうとくこうぎょう》も、其《そ》の至《いた》れる者《もの》は、或《あるい》は亦自《またみずか》ら知《し》らざること然《しか》る歟《か》。

西洋の諺に「幸福とは幸福を忘れているときである」というのがある。何事もそれを意識しているうちは、本物ではないのだ。

父親たる者は、厳格の中に慈愛がなければならない。母たる者は、慈愛の中に厳格さがなければならない。

◆第二二九条　父《ちち》の道《みち》は当《まさ》に厳中《げんちゅう》に慈《じ》を存《そん》すべし。母《はは》の道《みち》は当《まさ》に慈中《じちゅう》に厳《げん》を存《そん》すべし。

厳父と慈母が子育ての両輪だが、昨今の両親はいずれも本当の厳しさや本当のやさしさがなくなっている。これは両親自体が自分に対する厳格さを忘れているからだ。

他人の過失を責めるときは、徹底して責めるのはよくない。二分か三分残したところでやめ、その人が自暴自棄にならないようにして、みずから改心するように仕向けてやるのがよい。

◆第二三三条　人《ひと》の過失《かしつ》を責《せ》むるには、十分《ぶん》を要《よう》せず。宜《よろ》しく二三分《ぶん》を余《あま》し、渠《か》れをして自棄《じき》に甘《あま》んぜず、以《もっ》て自《みずか》ら新《あら》たにせんことを覓《もと》め使《し》むべくして可《か》なり。

勢いに乗って突き進み、事を成すのは、もとより簡単なことではない。だが、それ以上に難しいのは、引退の時期を決めるときである。見識のある者だけが、それができる。

◆第二三六条　鋭進《えいしん》の工夫《くふう》は固《もと》より易《やす》からず。退歩《たいほ》の工夫《くふう》は尤《もっと》も難《かた》し。惟《た》だ有識者《ゆうしきしゃ》のみ庶《ち》幾《か》からん。

老子は「功成り名遂げて、身退くは天の道なり」といい、河井継之助は「進むときは人任せ、退くときはみずから決せよ」という。出処進退は男の美学が問われるときだが、その根本は無欲恬淡《てんたん》である。

人間は恥を知る心がなければならない。また過ちを悔い改める心がなければならない。悔い改めることを知っていれば、いずれは悔い改める必要がなくなり、恥じる心があれば、いつかは恥をかくことがなくなる。

◆第二四〇条　人《ひと》は恥《はじ》無《な》かる可《べ》からず。又《また》悔《くい》無《な》かる可《べ》からず。悔《くい》を知《し》れば則《すなわ》ち悔《くい》無《な》く、恥《はじ》を知《し》れば則《すなわ》ち恥《はじ》無《な》し。

人は誰でも苦労や楽しみというものがある。ただ、立派な人の心は、苦楽があっても苦楽を超越しているので、苦労があっても苦しむことを知らない。だが、できていない人は、苦楽にわずらわされているから、楽しみがあっても楽しむことを知らない。

◆第二四二条　人《ひと》は苦楽《くらく》無《な》き能《あた》わず。唯《た》だ君子《くんし》の心《こころ》は苦楽《くらく》に安《やす》んじて、苦《く》あれども苦《く》を知《し》らず。小人《しょうじん》の心《こころ》は苦楽《くらく》に累《わずら》わされて楽《らく》あれども楽《らく》を知《し》らず。

他人と一緒に仕事をする場合、相手が楽な仕事を受け持ち、自分が困難な仕事を引き受けたときは、仕事そのものは苦しいけれど、心は愉快である。反対に自分が楽な仕事を受け持ち、相手が困難な仕事を引き受けたときは、仕事そのものは楽だが心は苦しい。

◆第二四三条　人《ひと》と事《こと》を共《とも》にするに、渠《か》れは快事《かいじ》を担《にな》い、我《わ》れは苦事《くじ》に任《にん》ぜば、事《こと》は苦《く》なりと雖《いえど》も、意《い》は則《すなわ》ち快《かい》なり。我《わ》れは快事《かいじ》を担い、渠《か》れは苦事《くじ》に任《にん》ぜば、事《こと》は快《かい》なりと雖《いえど》も、意《い》は則《すなわ》ち苦《く》なり。

人にはそれぞれ長所と短所がある。人を用いる場合は、その人の長所を見て、短所は見ないようにするのがよい。だが、自分が世渡りするときは、自分の長所を忘れて、短所を補うように努力しなければならない。

◆第二四四条　人各長《ひとおのおのちょう》ずる所《ところ》有《あ》り、短《たん》なる所《ところ》有《あ》り。人《ひと》を用《もち》うるには宜《よろ》しく長《ちょう》を取《と》りて短《たん》を舎《す》つべく、自《みずか》ら処《しょ》するには当《まさ》に長《ちょう》を忘《わす》れて以《もっ》て短《たん》を勉《つと》むべし。

世渡りをする場合は、これでよいが、学問をする場合は短所（苦手）は棄てて、長所（得意）をどんどん伸ばすほうがよい。

人間は重々しく落ち着いていることを貴ぶが、動作がのろまであることは喜ばれない。また、性格がさっぱりして飾りっ気がないことを貴ぶが、軽率では嫌われる。

◇第二四六条　人《ひと》は厚重《こうじゅう》を貴《たっと》びて、遅重《ちじゅう》を貴《たっと》ばず。真率《しんそつ》を尚《たっと》びて、軽率《けいそつ》を尚《たっと》ばず。

器量の小さな人は他人の意見を受け入れないが、器量の大きな人はよく他人の意見を受け入れる。小さな知恵はちょっとしたことには役立つが、大きな知恵は後世まで考えた仕事を築いていく。

◆第二四九条　小才《しょうさい》は人《ひと》を禦《ふせ》ぎ、大才《だいさい》は物《もの》を容《い》る。小智《しょうち》は一事《じ》に耀《かがや》き、大智《だいち》は後図《こうと》に明《あきら》かなり。

人間の才能には大あり、小あり、敏捷《びんしょう》あり、鈍重《どんじゅう》などあって、人さまざまであるが、それらは全部用いることができる。日常の細かな仕事には、鈍重で実直な人が適しているし、敏捷で切れる人は、日常の些末なことを馬鹿にして、かえって役に立たないものだ。要するに、人にはいろいろ使いどころがあるものなので、どんな才能でも棄てるべきではない。この使い分けを適材適所という。

◆第二五一条　人才《じんさい》には、小大有《しょうだいあ》り、敏鈍有《びんどんあ》り、敏大《びんだい》は固《もと》より用《もち》う可《べ》きなり。但《た》だ日間《にっかん》の瑣事《さじ》は、小鈍《しょうどん》の者《もの》却《かえ》って能《よ》く用《よう》を成《な》す。敏大《びんだい》の如《ごと》きは、則《すなわ》ち常故《じょうこ》を軽蔑《けいべつ》す。是《こ》れ知《し》る、人才《じんさい》各《おのおの》用処《ようしょ》有《あ》り、概棄《がいき》すべきに非《あら》ざるを。

人情としては誰もが「吉」であることを求め、「凶」であることは避けたがる。だが、人の「吉・凶」は、その人の行動の善し悪しが及ぼすものだということを忘れている。そこで自分は、年が改まるごとに、次の四句を暦に書いて、家族全員の戒めにしている。

「一年三百六十五日、一日として吉日でない日はない。一念発起して善を行えば、これすべて吉日となる。一年三百六十五日、一日として凶日でない日はない。一念発起して悪を行えば、これすべて凶日となる」と。だから、この心をもって暦とすればよい。

◆第二五二条

人情《にんじょう》、吉《きち》に趨《おもむ》き凶《きょう》を避《さ》く。殊《こと》に知《し》らず、吉凶《きっきょう》は是《こ》れ善悪《ぜんあく》の影響《えいきょう》なるを。余《よ》は改歳毎《かいさいごと》に四句《く》を暦本《れきほん》に題《だい》して以《もっ》て家眷《かけん》を警《いまし》む。曰《い》わく、「三百六旬《じゅん》、日《ひ》として吉《きつ》ならざる無《な》し。一念善《ねんぜん》を作《な》す、是《こ》れ吉日《きつじつ》なり。三百六旬《じゅん》、日《ひ》として凶《きょう》ならざる無《な》し。一念悪《ねんあく》を作《な》す、是《こ》れ凶日《きょうじつ》なり」と。心《こころ》を以《もっ》て暦本《れきほん》と為《な》す。可《か》なり。

「吉の日」に交通事故に遭い、「凶の日」に宝くじに当たったとの例もあるように、占いは「当たるも八卦《はっけ》、当たらぬも八卦」と、いいことだけを信じればよいのだ。

昨日を送って今日を迎え、今日を送って明日を迎える。人の一生は、たとえ百年過ごしたとしても、この毎日の繰り返しである。だから、その日一日を大事に過ごさなければ、後悔することになる。林羅山先生が「人は晩年になったら、今日一日のことを考えて暮らすがよい」といわれた。「この言葉は一見浅薄に聞こえるが、じつは意味深いことだ」と、いまになって自分は思う。

◆第二五八条

昨日《さくじつ》を送《おく》りて今日《こんにち》を迎《むか》え、今日《こんにち》を送《おく》りて明日《みょうにち》を迎《むか》う。人生《じんせい》百年《ねん》此《か》くの如《ごと》きに過《す》ぎず。故《ゆえ》に宜《よろ》しく一日《じつ》を慎《つつし》むべし。一日《じつ》慎《つつし》まずんば、醜《しゅう》を身後《しんご》に遺《のこ》さん。恨《うら》む可《べ》し。羅山先生《らざんせんせい》謂《い》う、「暮年《ほねん》宜《よろ》しく一日《じつ》の事《こと》を謀《はか》るべし」と。余《よ》謂《い》う、「此《こ》の言《げん》浅《あさ》きに似《に》て浅《あさ》きに非《あら》ず」と。

「人生二度なし」というが、「今日一日も二度なし」。よって一日は人生の縮図であり、

「一日一生」の思いで生きろ、ということか。

人は老人になると厳格になるが、それはまだよしとして、やさしくなりすぎるのはよくない。これは戒めるべきだ。

◆第二六〇条　老齢《ろうれい》は酷《こく》に失《しっ》せずして、慈《じ》に失《しっ》す。警《いまし》む可《べ》し。

老人のやさしさには、自分が嫌われたくないための、どこか人気取りのところがある。そのために孫たちをただ溺愛し、ダメな孫を育てているのに気づいていない。少子化家族ではとくにその傾向がある。

人間が行ういろいろな仕事は、すべて生きた学問である。ある人が「このごろは仕事が多忙で、学問をやめてしまった」といったが、この人は日々の仕事が学問であることを知らないだけで、なんと間違っ

た了見なのか。

◆第二六三条　多少《たしょう》の人事《じんじ》は皆是《みなこ》れ学《がく》なり。人謂《ひとい》う、「近来多事《きんらいたじ》にして学《がく》を廃《はい》す」と。何《なん》ぞ其《そ》の言《げん》の謬《あやま》れるや。

われ以外はみな師であり、日常起こることはすべて修行である。陽明学では「事上磨《じじょうま》練《れん》」といって、日々日常の仕事の中で自分を錬磨しろ、と教えている。

生きとし生ける者はすべて「養」に頼らなくてはならない。なぜなら、天が万物を生育して地でこれを養っているからである。そして人間は万物の霊長といわれるものである。だから私は、静座によって精神を修養し、運動によって体を修練し、心身を互いに鍛え、この生命を養おうとしている。これは地が万物を養っている法則に従った天の理だからである。

◇第二七五条

凡《およ》そ生物《せいぶつ》は皆《みな》養《やしない》に資《と》る。天生《てんしょう》じて地《ち》之《こ》れを養《やしな》う。人《ひと》は則《すなわ》ち地気《ちき》の精英《せいえい》なり。吾《わ》れ静坐《せいざ》して以《もっ》て気《き》を養《やしな》い動行《どうこう》して以《もっ》て体《たい》を養《やしな》い、気体相資《きたいあいし》し、以《もっ》て此《こ》の生《せい》を養《やしな》わんと欲《ほっ》す。地《ち》に従《したが》いて天《てん》に事《つか》うる所以《ゆえん》なり。

養生の心がけというものは、ただ節度をよく守り、過度にならないことである。

◆第二八〇条　養生《ようじょう》の工夫《くふう》は、節《せつ》の一字《じ》に在《あ》り。

河上正光全訳注『言志四録（三）』に二木謙三博士が書かれたという〝健康十訓〟というのがある。参考になるので引用させていただく。

①食べるのを少なくし、かむのを多くせよ。

②車に乗るのを少なくし、歩くのを多くせよ。

③着るのを少なくし、浴びるのを多くせよ。

④心のもだえを少なくし、働くことを多くせよ。
⑤怠けることを少なくし、学ぶことを多くせよ。
⑥語ることを少なくし、聞くことを多くせよ。
⑦怒ることを少なくし、笑うことを多くせよ。
⑧言うことを少なくし、行うことを多くせよ。
⑨取ることを少なくし、与えることを多くせよ。
⑩責めることを少なくし、誉めることを多くせよ。

これまで、この世は幾千万年を経てきたのだろうか。これから、この世は幾千万年続くのであろうか。誰もわからない。だから、たとえ自分が百年の寿命を保ったとしても、宇宙の生命からみれば、それはほんの一呼吸にすぎない。現在《いま》、幸いなことに人間に生まれた以上は、人間としての使命を全うして一生を終わりたい。自分の一生の本願はこれだけである。

◆第二八三条

我《われ》より前《まえ》なる者《もの》は、千古万古《せんこばんこ》にして、我《われ》より後《のち》なる者《もの》は、千世万世《せんせばんせ》なり。仮令《たとい》我《われ》寿《じゅ》を保《たも》つこと百年《ねん》なりとも、亦《また》一呼吸《こきゅう》の間《あいだ》のみ。今幸《いまさいわい》に生《うま》れて人《ひと》たり。庶幾《こいねがわ》くは人《ひと》たるを成《な》して終《おわ》らん。斯《こ》れのみ。本願此《ほんがんここ》に在《あ》り。

人間は何のために生まれてきたのか。人間としての使命とは何なのか。この条を読むたびに考えさせられるが、筆者も耳順（六十歳）に近くなり、やっと少しわかりかけてきたように思う。それは、自分を含む多くの人と楽しみを共有し、共生するためではないか、と。むろん、この楽しみは単に「おもしろい」ということではなく、苦労や貧乏も含めてのことである。

Ⅳ 言志耋録

嘉永四年（一八五一年）、一斎先生、八十歳から起稿し、三四〇条を納めて二年後に出版。安政六年（一八五九年）八十八歳という高齢で没したが、筆力はいささかも衰えなかった。

実行することがなく、ただ知っているだけなら空想である。知恵なくして行うのは妄動である。学問をする者は心眼を開き、偽物の姿を見て、これを本当のものと思ってはいけない。

◆第一一条　無能《むのう》の知《ち》は、是《こ》れ冥想《めいそう》にして、無知《むち》の能《のう》は是《こ》れ妄動《もうどう》なり。学者《がくしゃ》宜《よろし》く仮景《かけい》を認《みと》めて、以《もっ》て真景《しんけい》と做《な》すこと勿《なか》るべし。

知識と行動の一致。すなわち陽明学の「知行合一」「致良知」をいったもの。

学問を始めるには、必ず立派な人物になろうとの志を立て、それから書物を読むべきである。そうではなくして、ただいたずらに知識を広めるための学問は、傲慢な人間になったり、悪事をごまかすようになったりしまいかと心配する。これこそ「敵に武器を貸し、盗人に食物を与える」ようなもので、憂うべきことである。

◇第一四条

凡《およ》そ学《がく》を為《な》すの初《はじめ》は、必《かなら》ず大人《たいじん》たらんと欲《ほっ》するの志《こころざし》を立《た》てて、然《しか》る後《のち》に、書《しょ》は読《よ》む可《べ》きなり、然《しか》らずして、徒《いたず》らに聞見《ぶんけん》を貪《むさぼ》るのみならば、則《すなわ》ち或《あるい》は恐《おそ》る、傲《おごり》を長《ちょう》じ非《ひ》を飾《かざ》らんことを。謂《い》わゆる「寇《こう》に兵《へい》を仮《か》し、盗《とう》に糧《かて》を資《し》するなり」。虞《うれ》う可《べ》し。

近江聖人といわれた中江藤樹は、「真の学問は、人の心の汚れを清めて行いをよくすること。悪い学問は、博学の名誉を欲するために、ただ知識を詰め込むこと」（『翁問答』）といっている。

水源のある生き生きとした水は、浮草も清らかである。反対に、水源のない濁った沼では蓴菜《じゅんさい》（スイレン科の多年生水草）までも汚らしい。

◆第一六条　源《みなもと》有《あ》るの活水《かっすい》は、浮萍《ふひょう》も自《おのずか》ら潔《きよ》く、源《みなもと》無《な》きの濁沼《だくしょう》は、蓴菜《じゅんさい》も亦《また》汚《けが》る。

もちろん人間にたとえたことで、水源のある活水とは、志のある人のことである。そういう人は身近に畏友や師を持ち、歴史上に先賢・先学を求めて、つねに清新の気が溢れている。だが、志もなく、ただ暇つぶしに人生を過ごしている人は、心も濁っている、といっているのだ。

学問を志し、立派な人間になろうとする者は、頼みとするものは自分一人であることを覚悟しなければならない。仮にも他人の力を借りたり、頼ってはならない。『淮南子《えなんじ》』に「人に火を求めるよりは、自分で火打ち石で火をおこすほうがよい。また、他人の汲み上げた水を頼りにするよりも、自分で井戸を掘ったほうがよい」とある。これは他人を頼ることなく自分に頼れと教えたのである。

◆第一七条
学《がく》に志《こころざ》すの士《し》は、当《まさ》に自《みずか》ら己《おのれ》を頼《たの》むべし。人《ひと》の熱《ねつ》に因《よ》ること勿《なか》れ。淮南子《えなんじ》に曰《い》わく、「火《ひ》を乞《こ》うは、燧《すい》を取《と》るに若《し》かず。汲《きゅう》を寄《よ》するは、井《せい》を鑿《うが》つに若《し》かず」と。己《おの》れを頼《たの》むを謂《い》うなり。

これは学問のみならず生き方全般に通じるもので、福沢諭吉の「独立自尊」の精神である。福沢の独立とは「自分で自分の身を支配し、他人に依頼する心がないこと」をいう。要するに、人の世話になるな、人を頼るな、ということである。なぜなら、人の世話になると、借りができて負い目を感じ、対等ではなくなるからである。

立派な人になろうとする学問は、自分の徳を磨くためにするのであるから、道を体得することを尊ぶべきである。雑多な学問をして、外面を飾り立てるようなことはしてはいけない。ところが、最近の学問をする者は、その精神を忘れ、他人に自慢するための、まるで嫁入り衣装をつくるようなことをしている。

◆第一九条　此《こ》の学《がく》は己《おの》れの為《ため》にす。固《もと》より宜《よろ》しく自得《じとく》を尚《たっと》ぶべし。駁雑《はくざつ》を以《もっ》て粧飾《しょうしょく》と做《な》すこと勿《なか》れ。近時《きんじ》の学《がく》、殆《ほとん》ど謂《い》わゆる他人《たにん》の為《ため》に嫁衣裳《かいしょう》を做《な》すのみ。

立志の「立《りつ》」という字は、まっすぐに立つという「豎立《じゆりつ》」、目標を高く持つという「標置《ひようち》」、しっかりと動かないという「不動」の三つの意義を兼ねている。

◆第二二一条　立志《りっし》の立《りつ》の字《じ》は、豎立《じゆりつ》、標置《ひようち》、不動《ふどう》の三義《ぎ》を兼《か》ぬ。

どのような志を立てるかを考えるには、自分のよくないところを恥じ、他人のよくないところを憎むという気持ちから出発すべきである。恥じなくてもいいことを恥じることはないが、恥ずべきことは恥じなければならない。孟子は「自分が恥ずべきことを恥じないでいる、それを恥とすれば恥はなくなる」といった。これがわかれば、志は必ず立つものである。

◆第二二三条　立志《りっし》の工夫《くふう》は、須《すべか》らく羞悪念頭《しゆうおねんとう》より、跟脚《こんきやく》を起《おこ》すべし。恥《は》ず可《べ》からざるを恥《は》ずること勿《なか》れ。恥《は》ず可《べ》きを恥《は》じざること勿《なか》れ。孟子謂《もうしい》う、「恥無《はじな》きを之《こ》れ恥《は》ずれば、恥無《はじな》し」と。志《こころざし》是《ここ》に於《おい》てか立《た》つ。

恥ずべきことを恥じないでいる人のことを厚顔無恥《こうがんむち》という。

自分の欲望を抑えきれないのは、志が固まっていないからだ。志が固まっていれば、欲望は赤々と燃える炉の上に置いた一片の雪のように、すぐに消えてしまう。だから、志を立てるということは、上は道理の解明から下は日常の些事まで、徹底するように工夫すべきだ。

◆第二四条　私欲《しよく》の制《せい》し難《がた》きは、志《こころざし》の立《た》たざるに由《よ》る。志《こころざし》立《た》てば真《しん》に是《こ》れ紅炉《こうろ》に雪《ゆき》を点《てん》ずるなり。故《ゆえ》に立志《りっし》は徹上徹下《てつじょうてつげ》の工夫《くふう》たり。

志を立てるには、高い見識と知恵があることが必要だし、実際に努力するときは適切であることを必要とし、物事を考える場合は緻密でなければならない。そして、期待するところは遠大でなければならない。

◆第二六条　立志《りっし》は高明《こうめい》を要《よう》し、著力《ちゃくりょく》は切実《せつじつ》を要《よう》し、工夫《くふう》は精密を要し、期望《きぼう》は遠大《えんだい》を要《よう》す。

誰もが人間である、と思っているが、同じ人間でも遊び怠けていると柔弱になるし、一度困苦に耐えると意志が強固になる。心が満足していると優柔になり、一度激しく発憤すると剛強になる。人の気質はこのように変化する。

◆第二九条　均《ひと》しく是《こ》れ人《ひと》なり。遊惰《ゆうだ》なれば則《すなわ》ち弱《じゃく》なり。一旦困苦《たんこんく》すれば則《すなわ》ち強《きょう》と為《な》る。愜意《きょうい》なれば則《すなわ》ち柔《じゅう》なり。一旦激発《たんげきはつ》すれば則《すなわ》ち剛《ごう》と為《な》る。気質《きしつ》の変化《へんか》す可《べ》きこと此《か》くの如《ごと》し。

朱子学では、持って生まれたものを「本然の性」といい、後天的なものを「気質の性」という。気質は努力次第で変えることができるのである。

心を悩まし、苦しんで考え、初めて知恵は現れるものである。反対に、暖かい着物を着て、のんびり生活しているときは、考える力も埋もれてしまっている。これはちょうど、苦いものは薬となり、甘いものは毒になるようなものである。

◆第三一条　困心衡慮《こんしんこうりょ》は、智慧《ちえ》を発揮《はっき》し、暖飽安逸《だんほうあんいつ》は思慮《しりょ》を埋没《まいぼつ》す。猶《な》お之《こ》れ苦種《くしゅ》は薬《くすり》を成《な》し、甘品《かんぴん》は毒《どく》を成《な》すがごとし。

西洋の諺では「逆境は最良の師である」という。

自分で得意と思っていることは、じつは恐ろしいことであって、決し

て喜ぶことではない。逆に、物事が思うようにはかどらない失意のときは、慎まねばならないが、決して驚くことではない。鍛錬するよいチャンスである。

◆第三二条　得意《とくい》の物件《ぶっけん》は懼《おそ》る可《べ》くして、喜《よろこ》ぶ可《べ》からず。失意《しつい》の物件《ぶっけん》は、慎《つつし》む可《べ》くして、驚《おどろ》く可《べ》からず。

七難八苦を我に与えよと、三日月に願ったのは山中鹿之介だが、「憂きことの　なおこの上に　積もれかし　限りある身の　力ためさん」との歌もある。どんな困難でも受けて立つ気概、これこそが道を開くのである。

学問は、人から強制されてするものではなく、必ず自発的にしなければならない。そして、自分の心に深く感じ入るところがあってこれを進め、この心をしっかりと持ち続け、楽しむようになって、これを成就する。『論語』に「詩によって善を好む心を興し、礼によって道義心を確立し、音楽によって徳を育成する」とあるのは、このことをいったのである。

◆第三七条　学《がく》を為《な》すには、人《ひと》の之《こ》れを強《し》うるを俟《ま》たず。必《かなら》ずや心《こころ》に感興《かんきょう》する所有《ところあ》って之《これ》を為《な》し、躬《み》に持循《じじゅん》する所有《ところあ》って之《こ》れを執《と》り、心《こころ》に和楽《わらく》する所有《ところあ》って之《これ》を成す。「詩《し》に興《おこ》り、礼《れい》に立《た》ち、楽《がく》に成《な》る」とは、此《こ》れを謂《い》うなり。

「かくあるべし」とする真の自我と、「こうありたい」という安易に流れる仮の自我とがわれわれにはある。真の自我をもって仮の自我に打ち克つのは天の道理である。これに対して、肉体的な欲望に動かされ、精神的に生きようとする心を阻害するのは我利私欲である。

◆第四〇条　真《しん》の己《おの》れを以《もっ》て仮《かり》の己《おの》れに克《か》つは、天理《てんり》なり。身《み》の我《わ》れを以《もっ》て心《こころ》の我《わ》れを害《がい》するは、人欲《じんよく》なり。

宇宙天地の運行は一瞬も休むことなく、また少しも乱れることなく一定のリズムがある。

◆第四四条　一息《そく》の間断無《かんだんな》く、一刻《こく》の急忙無《きゅうぼうな》し。即《すなわ》ち是《こ》れ天地《てんち》の気象《きしょう》なり。

毎日、太陽は一定のリズムを刻みながら東から昇り西に沈む。何の不思議もないが、よくよく考えてみれば不思議である。この不思議だなあと思うことから、すべての学問が始まる。

人間は、幼い子どものころは、完全なる真心を持っている。やや成長してくると、私心が少しずつ出てくる。一人前になると、その上にさらに世俗の習慣が身について、真心をほとんど失ってしまう。だから、聖人になるための学問をする者は、いつもこの世俗の習慣を振り払って、その真心に戻る工夫をするべきである。肝心なことである。

◆第五一条

人《ひと》は童子《どうじ》たる時《とき》、全然《ぜんぜん》たる本心《ほんしん》なり。稍《やや》長《ちょう》ずるに及《およ》びて、私心《ししん》稍《やや》生《しょう》ず。既《すで》に成立《せいりつ》すれば、則《すなわ》ち更《さら》に世習《せしゅう》を夾帯《きょうたい》して、而《しこう》して本心殆《ほんしんほとん》ど亡《ほろ》ぶ。故《ゆえ》に此《こ》の学《がく》を為《な》す者《もの》は、当《まさ》に能《よ》く斬然《ざんぜん》として此《こ》の世習《せしゅう》を祛《さ》り以《もっ》て本心《ほんしん》に復《ふく》すべし。是《こ》れを要《よう》と為《な》す。

　禅宗の有名な「十牛図」の教えの中に「返本還源《へんぽんげんげん》」（九番目）というのがある。悟って悟って悟り尽くすと、生まれたままの心に返ることをいう。孟子の「大人《たいじん》なる者は、赤子《せきし》の心を失わざるものなり」と同じ意味で、純真無垢な心の尊さをいったもの。

心については知《ち》といい、その知は実行するための知である。身体については行《こう》といい、その行は知るところのものを実行することである。たとえば人の話を聞いてこれを了解するようなものである。口では「承知した」といい、身体では「うなずく」。いずれも了解したということである。つまり、知行は合一なのである。

◆第五二条　心《こころ》につきて知《ち》と曰《い》う、知《ち》は即《すなわ》ち行《こう》の知《ち》なり。身《み》に就《つ》きて行《こう》と曰《い》う、行《こう》は即《すなわ》ち知《ち》の行《こう》なり。譬《たと》えば猶《な》お人語《じんご》を聞《き》きて之《こ》れを了《りょう》するがごとし。諾《だく》は口《くち》に就《つ》き、頷《がん》は身《み》に就《つ》けども、等《ひと》しく是《こ》れ一了字《りょうじ》なり。

陽明学の「知行合一《ちこうごういつ》」を述べたもので、『王陽明全書』には、「知は是れ行の始め、行は是れ知の成るなり。知行は分《わか》ちて両事と作《な》すべからず」とある。

心の本体はないようであるが、存在しているとして追求していくのが修行である。反対に、心はあるものとして追求して、ないものと悟るのが真実である。あるのも真実であれば、ないのも真実である。

◇第五五条　心《こころ》無《な》きに心《こころ》有《あ》るは、工夫《くふう》是《こ》れなり。心《こころ》有《あ》るに心《こころ》無《な》きは本体《ほんたい》是《こ》れなり。

禅問答のようで難しいが、こう考えてはどうか。たとえば、われわれは鏡に映ったその姿を真実のものと思っている。だが、左右は逆に映っている。偽物かといえば本物であり、本物かといえば偽物である。

別に知ろうとしないで自然にものの道理がわかるのが道心《どうしん》。知っているようでじつは何も知らないのが人心《じんしん》なのである。

◆第五六条　知《し》らずして知《し》る者《もの》は、道心《どうしん》なり。知《し》って知《し》らざる者《もの》は人心《じんしん》なり。

この条は前条と関連したもので、人心つまり欲の心がある者は、上辺だけを見ているので真相を見極められない、ということだろう。道心は欲のない真心のこと。

「心が平安であれば、太陽の恩恵のありがたさを知り、眼がはっきりしていれば澄みきった大空の爽快さを知る」とは、宋儒の程明道の言葉である。この言葉どおり、晴天白日はいつも自分の前にあるが、外

のものに気を取られているとそれが見えない。これを座右の銘にして戒めるがよい。

◇第五七条　「心静《こころしずか》にして方《まさ》に能《よ》く白日《はくじつ》を知《し》り、眼明《まなこあきらか》にして始《はじ》めて青天《せいてん》を識《し》るを会《え》す」とは、此《こ》れ程伯氏《ていはくし》の句《く》なり。青天白日《せいてんはくじつ》は、常《つね》に我《われ》に在《あ》り。宜《よろ》しく之《こ》れを坐《ざ》右《ゆう》に掲《かか》げ以《もっ》て警戒《けいかい》と為《な》すべし。

「人がこの世に生きていけるのは、正直によってである」。この言葉をよくかみしめてみずから反省し、自分の心をもって解釈すべきである。

◆第五八条　「人《ひと》の生《い》くるや直《なお》し」。当《まさ》に自《みずか》ら反《かえ》りみて吾《わ》が心《こころ》を以《もっ》て註脚《ちゅうきゃく》と為《な》すべし。

『論語』の「人の生くるや直し。之をなくして生くるは、幸にして免《まぬが》るるなり」から取ったもの。「人がこの世で生きていけるのは、正直によってである。不正直で生きているのは、偶然、禍《わざわい》を免れているにすぎない」との意味である。世界万国どこへ行っても正直者は愛される。含蓄のある言葉である。

人の心の霊妙なことは、あたかも太陽が光り輝いているようなものである。ところが、「克《こく》（人に勝つこと）・伐《ばつ》（功をほこること）・怨《えん》（怒り怨むこと）・欲（貪欲）の四悪徳」が心に起こると、あたかも雲や霧が出てきて四方をふさぎ、太陽が見えなくなるように、この心霊がどこにあるのかわからなくなってしまう。だから誠意をもって努力し、この四悪徳を払いのけて、光り輝く太陽、すなわち霊妙な心を仰ぎ見ることが最も肝要である。およそ学問をする要点は、これより基礎を築き上げるのである。だからこそ『中庸』にも、「一切は誠に始まり、誠は一切の根元であり、誠がなければ、そこには何も成り立たない」とある。

◆第六六条　人心《じんしん》の霊《れい》なるは太陽《たいよう》の如《ごと》く然《しか》り。但《た》だ克伐怨欲《こくばつえんよく》、雲霧《うんむ》のごとく四塞《そく》すれば、此《こ》の霊烏《れいいず》くにか在《あ》る。故《ゆえ》に誠意《せいい》の工夫《くふう》は、雲霧《うんむ》を掃《はら》いて白日《はくじつ》を仰《あお》ぐより先《せん》

なるは莫《な》し。凡《およ》そ学《がく》を為《な》すの要《よう》は、此《こ》れよりして基《もとい》を起《おこ》す。故《ゆえ》に曰《い》わく「誠《まこと》は物《もの》の終始《しゅうし》なり」と。

「克伐怨欲《こくばつえんよく》」(『論語』)とは、現代風に解するなら、人を陥れたり、功績を独り占めしたり、他人を怨んだり、欲張ったりすることをいう。だから、学問をするときは、誠心誠意の真心で取り組むべきだというのだ。

河上正光先生が、足代弘訓《あじろひろのり》(江戸後期の国学者)の「自警」を挙げておられるので記しておく。

一、人をあざむくために学問すべからず。
一、人とあらそうために学問すべからず。
一、人をそしるために学問すべからず。
一、人を馬鹿にするために学問すべからず。
一、人の邪魔をするために学問すべからず。
一、人に自慢するために学問すべからず。
一、名を売るために学問すべからず。

一、利をむさぼるために学問すべからず。

終始《しゅうし》、誠心誠意をもって努力していると、心に霊光が溢れ、どんなことでも落ち度なく、うまく処理できる。

◇第六七条　霊光《れいこう》の体《たい》に充《み》つる時《とき》、細大《さいだい》の事物《じぶつ》、遺落無《いらくな》く、遅疑無《ちぎな》し。

吉田松陰は、「至誠にして動かざる者は、未だこれあらざるなり」（『孟子』）という言葉をつねづね説いていた。

いかなるものでも窮《きわ》め尽くせないという道理はない。また、物事がいかに変化しようと、それに対応できないということはない。

◆第六八条　窮《きわ》む可《べ》からざるの理無《りな》く、応《おう》ず可《べ》からざるの変無《へんな》し。

上杉鷹山は「為せば成る　為さねば成らぬ何事も　成らぬは人の為さぬなりけり」と詠《うた》ったが、要はできないのではない、やらないからである。

人間は心に楽しむところがなくてはならない。楽しみは自分の心の持ち方であって、自分の外にあるものではない。

◆第七五条　人《ひと》は須《すべか》らく快楽《かいらく》なるを要《よう》すべし。快楽《かいらく》は心《こころ》に在《あ》りて事《こと》に在《あ》らず。

これは金言である。王陽明は「楽はこれ心の本体である」といったが、森信三先生は「最善観」といった。身に降りかかることは、何事も善きことと思って、それを楽しむ。これがわかると人生で怖いものはなくなる。

心がさわやかであれば、どんな苦労でも難なく処理することができる。

◆第七六条　胸次《きょうじ》清快《せいかい》なれば、則《すなわ》ち人事《じんじ》の百艱《かん》も亦《また》阻《そ》せず。

颯爽溌剌《さっそうはつらつ》は鬼も逃げ出す、という。貧乏神は暗い人に忍び寄る、ともいう。気は心である。

人の心の霊妙な働きは「気」を主体としている。孟子は「気はそもそも体に充満しているものだ」といっている。だから、気を充満させておけば、何事もやり抜くことができる。もちろん技能や工芸についても同じことである。

◆第七七条　人心《じんしん》の霊《れい》なるは気《き》を主《しゅ》とす。「気《き》は体《たい》の充《み》てるなり」。凡《およ》そ事《こと》を為《な》すに気《き》を以《もっ》て先導《せんどう》と為《な》さば、則《すなわ》ち挙体失措無《きょたいしっそな》し。技能工芸《ぎのうこうげい》も亦皆《またみな》是《か》くの如《ごと》し。

何事も「やる気」がなければ成功しない。その「やる気」を出させるのが「志」であり、そのもとは邪心のない颯爽溌剌なる気持ちなのである。

心の中に、霊妙な光をさえぎるものがなければ、活動の源泉となる「気」が不活発となることはない。そうであれば、体が軽くなって自由自在の心境になる。

◆第七八条　霊光《れいこう》に、障碍《しょうがい》無《な》くば、則《すなわ》ち気《き》乃《すなわ》ち流動《りゅうどう》して餒《う》えず、四体軽《たいかろ》きを覚《おぼ》えん。

『南州手抄言志録』が、この三条を立て続けに採用しているということは、さすがの西郷も孤島では気落ちしていたのであろう。

気といっても「英気」は、天地にみなぎる気の中で最も優れたものである。聖人はこの気を表に出すことなく、胸中に深く納め、賢者は時

と場合によって発揮し、豪傑は手軽に表に出している。英気を全然持っていない者は、問題外である。

◇第八〇条

英気《えいき》は是《こ》れ天地精英《てんちせいえい》の気《き》なり。聖人《せいじん》は之《これ》を内《うち》に蘊《つつ》みて、肯《あ》えて諸《これ》を外《そと》に露《あら》わさず。賢者《けんじゃ》は則《すなわ》ち時時《じじ》之《こ》れを露《あら》わし、自余《じよ》の豪傑《ごうけつ》の士《し》は、全然《ぜんぜん》之《こ》れを露《あら》わす。若夫《もしそ》れ絶《た》えて此《こ》の気《き》無《な》き者《もの》をば、鄙夫小人《ひふしょうじん》と為《な》す。碌碌《ろくろく》として算《かぞ》うるに足《た》らざる者《もの》のみ。

『南州翁遺訓』の中に「児孫のために美田を残さず」という有名な言葉があるが、この前半は「男とは、辛酸を嘗めて苦しい経験を積んでこそ意志が堅くなる。瓦のようなつまらぬものになって生き長らえるより、時には、玉となって砕け散らねばならない」というのがあって、この言葉に続く。このときの行動のもとが「英気《えいき》」なのである。

つねに敬の心を持つには、独りでいるときでも、道に外れないようにすることが大切である。人がいるからというので慎むのであれば、人がいないときは慎まないであろう。人がいないときに慎むのであれば、人がいるときはいっそう慎むであろう。『詩経』に「屋漏《おくろう》に愧《は》じず」（人のいないところでも恥じる行動はしない）とあり、程子も「暗室を欺かず」（暗いところでも良心を欺くようなことはしない）といっている。これらはいずれも、人のいないところや見えないところであっても、敬をもって独りを慎むことの肝要を説いている。

◆第九一条　居敬《きょけい》の功《こう》は、最《もっと》も慎独《しんどく》に在《あ》り。人有《ひとあ》るを以《もっ》て之《こ》れを敬《けい》しなば、則《すなわ》ち人無《ひとな》き時敬《ときけい》せざらん。人無《ひとな》き時自《ときみずか》ら敬《けい》すれば、則《すなわ》ち人有《ひとあ》る時尤《ときもっと》も敬《けい》す。故《ゆえ》に古《こ》人《じん》の、「屋漏《おくろう》にも愧《は》じず、闇室《あんしつ》をも欺《あざむ》かず」とは、皆慎独《みなしんどく》を謂《い》うなり。

敬《うやま》い慎《つつし》む心がゆるんでくると、たくらみの心が起こってくる。たくらみの心が起こってくると、名誉欲や物欲が湧き出してくる。だからこそ、敬の心をゆるめてはいけない。

◆第九四条　敬《けい》稍《やや》弛《ゆる》めば、則《すなわ》ち経営心起《けいえいしんおこ》る。経営心起《けいえいしんおこ》れば、則《すなわ》ち名利心《めいりしん》之《こ》れに従《したが》う。敬《けい》は弛《ゆる》む可《べ》からざるなり。

何かをやるときには、まず最初に、そのことが道理に合っているかどうかを、よく考えなければならない。また、自分に都合よく考えてはならない。その都合のよさも道理に適っているかどうかに含まれている。

◆第九六条　凡《およ》そ事《こと》を為《な》すには、当《まさ》に先《ま》ず其《そ》の義《ぎ》の如何《いかん》を謀《はか》るべし。便宜《べんぎ》を謀《はか》ること勿《なか》れ。便宜《べんぎ》も亦《また》義《ぎ》の中《うち》に在《あ》り。

『論語』に「君子は義に喩《さと》り、小人は利に喩る」とある。つまり、立派な人はまず最初に、それが正しいことかどうかを考えるのに対して、下賤な人はすぐに儲かるかどうかを考える。単なる儲け主義は下賤の輩なのだ。

自分を磨く場合、誠を立てるということは、ちょうど家を建築するときに土台をしっかりと据え置くのと同様、根本を確立することである。これは縦の努力である。一方、敬（他人を敬い、自分に慎み深い）であるということは、棟や梁を置くようなもので、これは横の努力である。このように「立誠」と「居敬」の縦と横があって立派な人間が形成される。

◆第九九条　立誠《りっせい》は柱礎《ちゅうそ》に似《に》たり。是《こ》れ竪《たて》の工夫《くふう》なり。居敬《きょけい》は棟梁《とうりょう》に似《に》たり。是《こ》れ横《よこ》の工夫《くふう》なり。

なによりも自分で自分を欺かず、至誠を尽くす。これを天に仕えるという。

◆第一〇六条　自《みずか》ら欺《あざむ》かず。之《こ》れを天《てん》に事《つか》うと謂《い》う。

『中庸』に「誠は天の道なり。之を誠にするは人の道なり」とある。誠とは偽りのない真心のことで、つまりは自分自身を偽らないことである。自分を偽ることはすべてを偽ることになるからである。

自分が秘密にしていることは、人がどういおうと人に任せておけばよい。だが、人の秘密に関することを自分から話してはいけない。何事も誠心誠意をもって当たっているならば、隠す隠さないなどの区別があるはずがない。

◆第二一〇条　己《おの》れの陰事《いんじ》は、宜《よろ》しく人《ひと》の之《こ》れを説《と》くに任《まか》すべし。人《ひと》の陰事《いんじ》は、我《わ》れは則《すなわ》ち説《と》く可《べ》からず。我《わ》れの為《な》す所《ところ》只《た》だ是《こ》れ一誠《せい》なれば、則《すなわ》ち実《じつ》に陰陽《いんよう》の別《べつ》無《な》きのみ。

『孟子』に「是非の心は人みな之《こ》れ有り」とある。だが、世間一般の

人がいう是非は利害を基準としている。これに対して立派な人は正しい道理を基準としている。是非善悪が正しい道理によって判断されるならば、利益はあっても害などあるはずがない。

◆第一一一条　「是非《ぜひ》の心《こころ》は、人皆之《ひとみなこ》れ有《あ》り」。但《た》だ通俗《つうぞく》の是非《ぜひ》は利害《りがい》に在《あ》り。聖賢《せいけん》の是《ぜ》非《ひ》は義理《ぎり》に在《あ》り。是非《ぜひ》、義理《ぎり》に在《あ》れば、則《すなわ》ち究《つい》に亦《また》利《り》有《あ》りて害無《がいな》し。

武士道の行動基準は「義」（人として正しい道）であり、「成敗利潤を問わず」と教える。成敗利潤とは成功したとか失敗したとか、儲かったとか損したとか、そんなことは関係なく、ただ正義の遂行あるのみである。

多忙だからといって自分を忘れてはならない。「忙中閑有り」のゆとりがなければならない。また七難八苦があろうとも、むしろその苦しみを楽しみに変えるぐらいでなければならない。

◆第一一三条　人《ひと》は須《すべか》らく忙裏《ぼうり》に閒《かん》を占《し》め、苦中《くちゅう》に楽《らく》を存《そん》する工夫《くふう》を著《つ》くべし。

多忙の「忙」は心を亡くすこと。だから、いくら忙しくても自分の心を亡くさないように、静かに想う一時を持つことが必要である。それに付随して、歴代首相の指南役といわれた昭和の陽明学者・安岡正篤が掲げた「六中観」を紹介しておこう。人生の極意である。次の（　）内の意訳は笠巻勝利氏による。

①死中活有り（ときには死んだつもりになって頑張りたい）
②苦中楽有り（苦労のないところに楽しみはない。苦しみと楽しみは紙一重）
③忙中閑有り（忙しい人のほうがたくさん本を読むし、人生を楽しんでいる）
④壺中《こちゅう》天有り（現実の世俗的生活の中に自らがつくっている別天地）
⑤意中人有り（私淑できる人物を、あるいは理想的人物像を心の中にもっている）
⑥腹中書有り（断片的な知識ではなく、しっかりした哲学を腹の底に納めている）

物事を処理する場合、まず考えておかなければならないことは、「仕

上がり」（完成図）を予測して臨むことである。そうでないと、舵のない船で漕ぎ出したり、的のないところに矢を射るような愚行となる。

◇第一一四条　凡《およ》そ人事《じんじ》を区処《くきょ》するには、当《まさ》に先《ま》ず其《そ》の結局《けっきょく》の処《ところ》を慮《おもんぱか》って、而《しか》る後《のち》に手《て》を下《くだ》すべし。楫無《かじな》きの舟《ふね》は行《や》ること勿《なか》れ。的無《まとな》きの箭《や》は発《はな》つこと勿《なか》れ。

このことはすべての仕事に通じることだが、戦争においてもいえる。日露戦争と太平洋戦争の違いは、その結末を予測して手を打っていたかの違いである。日露戦争はあと一カ月もすれば負けていたのであるが、ぎりぎりのところで仲裁役（アメリカ）を出し、実際のところ引き分けに持ち込めたのである。

何事も、まず自分が感動して、人を感動させることができる。

◆第一一九条　我《わ》れ自《みずか》ら感《かん》じて、而《しか》る後《のち》に人之《ひとこ》れに感《かん》ず。

吉田松陰は子弟を教育するとき、歴史上の主人公になったように、あるときは怒り、あるときは涙を流したという。その教師の姿に生徒たちもいつしか感動し、学びを覚えたのである。相手が説得されるのは、共通の感動を所有したときである。

世間を渡る道は「得」と「失」の二字にある。得てはならないものを得ないようにし、失ってはならないものを失わないようにすることである。これが処世の基本である。

◆第一二四条　世《よ》を渉《わた》るの道《みち》は、得失《とくしつ》の二字《じ》に在《あ》り。得可《うべ》からざるを得《う》ること勿《なか》れ。失《うしな》う可《べ》からざるを失《うしな》うこと勿《なか》れ。此《か》くの如《ごと》きのみ。

得てはならないものとは、実力にふさわしくない虚名とか暴利を指し、失ってはならないものとは、五常の徳（仁義礼智信）とか、自分の信念といったもの。

口先だけで人を諭《さと》そうとしても、人は心から従うことはない。みずから実践し率先すれば人は従《つ》いてくる。さらに道徳をもって感化する者には、人は自然と服従し、不満も残らない。

◆第一二五条

口舌《こうぜつ》を以《もっ》て諭《さと》す者《もの》は、人《ひと》従《したが》うことを肯《がえん》ぜず。躬行《きゅうこう》を以《もっ》て率《ひき》いる者《もの》は、人《ひと》効《なら》うて之《こ》れに従《したが》う。道徳《どうとく》を以《もっ》て化《か》する者《もの》は、則《すなわ》ち人《ひと》自然《しぜん》に服従《ふくじゅう》して痕迹《こんせき》を見《み》ず。

山本五十六元帥の言葉に、「やって見せ　言って聞かせ　させてみて　誉めてやらねば人は動かじ」というのがあるが、リーダーはやはり率先垂範を旨とすべきである。

利益を人に譲って、損害を自分で引き受けるのが「譲」である。よいことを人に推し譲り、悪いことは自分で受けるのが「謙」である。これとは反対に、よいほうを自分が取り、悪いほうを人に押しつけるのを「驕」という。また譲の反対で、利益を自分が取り、損益を相手に与えるのを「争」という。この驕争は身を滅ぼすもととなるので、戒めなければならない。

◆第一二七条　利《り》を人《ひと》に譲《ゆず》りて、害《がい》を己《おの》れに受《う》くるは、是《こ》れ譲《じょう》なり。美《び》を人《ひと》に推《お》して、醜《しゅう》を己《おの》れに取《と》るは、是《こ》れ謙《けん》なり。謙《けん》の反《はん》を驕《きょう》と為《な》し、譲《じょう》の反《はん》を争《そう》と為《な》す。驕《きょう》争《そう》は是《こ》れ身《み》を亡《ほろ》ぼすの始《はじめ》なり。戒《いまし》めざる可《べ》けんや。

ローソクは身を削って灯火をともし、すりこぎは身を減らして味を出す。

「足ることを知って満足するならば、いつも不足や不満を感じることはない」と老子はいっているが、これは「仁」に近い。孟子は「自分の恥とすべきことを恥じずにいることを、恥として憎むのであれば、恥はなくなる」といっているが、これは「義」に近い。

◆第一三〇条　「足《た》るを知《し》るの足《た》るは常《つね》に足《た》る」。仁《じん》に庶《ちか》し。「恥《はじ》無《な》きの恥《はじ》は恥《はじ》無《な》し」。義《ぎ》に庶《ちか》し。

足るを知る知足《ちそく》の精神で生きた人に橘曙覧《たちばなあけみ》（幕末の歌人）がいるが、その歌を一首。

たのしみは　まれに魚煮て　児等みなが　うましうましと　いひて食ふ時

『遺教経《ゆいきょうぎょう》』には「知足の法は即ち富楽安穏の処なり。不知足の者は富《と》むといえども、しかし貧《まず》し。知足の者は貧しといえども、しかし富めり」という意味のことが書いてある。

「楽しみは、心の本来の姿である」と王陽明はいっている。ただこれを全うしているのは聖人だけである。どうしてそういえるか。それは聖人の容貌に表れ、体の動作によってわかるからだ。すなわち、その姿がのびのびしていて、顔色が喜びに溢れている。

◆第一三五条　「楽《たのしみ》は是《こ》れ心《こころ》の本体《ほんたい》なり」。惟《た》だ聖人《せいじん》のみ之《こ》れを全《まっと》うす。何《なに》を以《もっ》てか之《こ》れを見《み》る。其《そ》の色《いろ》に徴《ちょう》し、四体《たい》に動《うご》く者《もの》、自然《しぜん》に能《よ》く申申如《しんしんじょ》たり、夭夭如《ようようじょ》たり。

ある高僧が「目指すは良寛」と慕っていたが、その良寛を弟子の解良栄重《けらよししげ》という人が、こう評している。「良寛禅師はつねに黙々として、動作閑雅あまりあるがごとし。心広ければ軀ゆたかなりとは、このことならん」と。つまり、良寛はいつも飄然として、その動作はまことに優雅だった。これは心が自由で何事にもとらわれていなかったからだろうと。

『中庸』に「立派な人物はどこにいても、どんな地位にいても、不平を抱かず、それぞれの地位に応じて、なすべきことをやり、決してあくせくしない」とある。怏々（満足しないさま）として楽しまずということは、功名や利益をむさぼる心を抱いているからである。

◆第一三六条　「君子《くんし》は入《い》るとして自得《じとく》せざる無《な》し」。怏怏《おうおう》として楽《たの》しまずの字《じ》、唯《た》だ功利《こうり》の人《ひと》之《こ》れを著《つ》く。

世間を避けて、俗欲に染まらないで生きることは難しいようでやさしい。だが、俗世間にどっぷり身を浸しながら、浮世離れした心境でいることはやさしいようで難しい。

◆第一三七条　世《よ》を避《さ》けて而《しこう》して世《よ》に処《お》るは、難《かた》きに似《に》て易《やす》く、世《よ》に処《お》りて而《しこう》して世《よ》を避《さ》くるは、易《やす》きに似《に》て難《かた》し。

「大隠は市《いち》に隠れる」（王康泯《おうこうみん》）という言葉がある。普通、世捨て人といえば、人里離れた場所に隠れ、俗世間から逃れて暮らすものだが、まことに悟りを開いた人は市中にいて、俗人と交わりながら暮らしている、という意味である。

怠けていると、短い冬の一日でも、なんとまあ長いことか。一生懸命働いていると、長い夏の一日でも、なんとまあ短いことか。要するに、一日の長短は自分の主観にあるのであって、日そのものにあるのではない。同じように、何かを待っている一年は、とてもゆっくり感じるし、何も期待していない一年は、あっという間に過ぎていく。この場合の速い遅いも心の持ちようであって、年月にあるのではない。

◆第一三九条

怠惰《たいだ》の冬日《とうじつ》は、何《なん》ぞ其《そ》の長《なが》きや。勉強《べんきょう》の夏日《かじつ》は、何《なん》ぞ其《そ》の短《みじか》きや。長短《ちょうたん》は我《わ》れに在《あ》りて、日《ひ》に在《あ》らず。待《ま》つ有《あ》るの一年《ねん》は、何《なん》ぞ其《そ》の久《ひさ》しきや。待《ま》たざるの一年《ねん》は、何《なん》ぞ其《そ》の速《すみや》かなるや。久速《きゅうそく》は心《こころ》に在《あ》りて、年《とし》に在《あ》らず。

ローマの哲学者セネカに『人生の短さについて』という名著がある。彼はその中で、われわれ凡人がとかく「人生は短い」などと嘆くことに対して、「いや、人生が短いのではない、われわれ自身が短くしているのだ」として、飽くことを知らない欲望に振り回されて、自分の本当の人生を生きていない者に、厳しい箴言を与えている。ご一読を。

朝ご飯を食べていないと、昼にお腹が空くように、少年時代に勉強していないと、壮年になってから、物事の的確な判断がつかなくなる。空腹であることはまだ我慢もできるが、大人になってから事の判断に

迷うようでは話にならない。

◆第一四〇条　朝《あさ》にして食《くら》わざれば、則《すなわ》ち昼《ひる》にして饑《う》え、少《しょう》にして学《まな》ばざれば、則《すなわ》ち壮《そう》にして惑《まど》う。饑《う》うる者《もの》は猶《な》お忍《しの》ぶ可《べ》し。惑《まど》う者《もの》は奈何《いかん》ともす可《べ》からず。

いま貧乏生活にあって、その境遇に安住できる修養がなければ、いつかお金持ちになった場合には、必ずおごり高ぶるであろう。また、いま金持ちの境遇にあって、それに安住できる修養がなければ、将来、お金に困ったときには、必ずあわてふためくであろう。

◆第一四一条　今日《こんにち》の貧賤《ひんせん》に、素行《そこう》する能《あた》わずんば、乃《すなわ》ち他日《たじつ》の富貴《ふうき》に必《かなら》ず驕泰《きょうたい》せん。今《こん》日《にち》の富貴《ふうき》に、素行《そこう》する能《あた》わずんば、乃《すなわ》ち他日《たじつ》の患難《かんなん》に必《かなら》ず狼狽《ろうばい》せん。

貧乏していても金持ちになっても、その態度が変わらない人を立派な人というのである。〝成金〟が馬鹿にされるのはこの理由からだ。

舟に舵と櫓がなければ、川や海を渡れない。また、門に錠と鍵があれば、盗賊も入ることができない。

◆第一四六条　舟《ふね》に楫艣《しゅうろ》無《な》ければ、則《すなわ》ち川海《せんかい》も済《わた》る可《べ》からず。門《もん》に鎖鑰《さやく》有《あ》れば、則《すなわ》ち盗《とう》賊《ぞく》も闚《うかが》う能《あた》わず。

人生における「舵・櫓」あるいは「錠・鍵」とは何か。一斎先生が、各自で考えるようにとの計らいであろう。

『中庸』に「何事も前もって準備すれば、事は成功する。これに反して、事前に準備していないと失敗する」とあるが、これは道理にかなった正しい言葉である。この言葉を家庭や国家にも適用すべきである。「水が流れてくると溝が自然にできるし、果物が熟すると蔕《へた》が自然に落ちる」とあるが、これは道を悟った言葉である。わが身に適用して戒めるべきである。

◆第一四七条
「凡《およ》そ事予《ことよ》すれば則《すなわ》ち立《た》ち、予《よ》せざれば則《すなわ》ち廃《はい》す」とは、正語《せいご》なり。之《こ》れを家国《かこく》に用《もち》う可《べ》し。「水到《みずいた》りて渠成《みぞな》り菓熟《かじゅく》して蔕落《へたお》つ」とは、悟語《ごご》なり。之《こ》れを一身《しん》に用《もち》う可《べ》し。

何事も一杯になると覆ることは自然の成り行きである。どうすれば、満ちた状態を持続できるかの工夫を忘れてはならない。満ちた状態を持続するとは、自分の本分を守るということであり、本分を守るとは自分の身の振り方と才能と徳を考えて、分を超えないようにすることである。

◆第一四九条
凡《およ》そ物満《ものみ》つれば則《すなわ》ち覆《くつがえ》るは、天道《てんどう》なり。満《まん》を持するの工夫《くふう》を忘《わす》るること勿《なか》れ。満《まん》を持《じ》すとは、其《そ》の分《ぶん》を守《まも》るを謂《い》い、分《ぶん》を守《まも》るとは、身《み》の出処《しゅっしょ》と己《おの》れの才徳《さいとく》とを斥《さ》すなり。

「栄枯盛衰は世の習わし」というが、『平家物語』によると、その原因は「驕れる者久しからず」となっているので、傲慢、慢心の心を抜くことであろう。実るほど頭を垂れる稲穂かな、である。

必ずしも幸福を求めることはない。禍さえなければ、それで幸せではないか。必ずしも栄誉を願うこともない。恥をかかなければ、それが栄誉なのだから。必ずしも長生きを祈らなくてもよい。若死にさえしなければ、それが長生きなのである。必ずしも金持ちにならなくてもよいではないか。飢えなければ、それで十分富者である。

◆第一五四条

必《かなら》ずしも福《ふく》を干《もと》めず。禍《か》無《な》きを以《もっ》て福《ふく》と為《な》す。必《かなら》ずしも栄《えい》を希《ねが》わず。辱《じょく》無《な》きを以《もっ》て栄《えい》と為《な》す。必《かなら》ずしも寿《じゅ》を祈《いの》らず。夭《よう》せざるを以《もっ》て寿《じゅ》と為《な》す。必《かなら》ずしも富《とみ》を求《もと》めず。餒《う》えざるを以《もっ》て富《とみ》と為《な》す。

めでたさも　中位なり　おらが春　（一茶）

婦女子を教え諭すときは、まず思いやりの言葉を先にかけ、次に厳しい言葉をかけてやるのがよい。だが、ふしだらな者を教え諭すときには、最初に厳格な言葉、次にやさしい言葉の順で諭すがよい。

◆第一六一条　女子《じょし》を訓《おし》うるは、宜《よろ》しく恕《じょ》にして厳《げん》なるべし。小人《しょうじん》を訓《おし》うるは、宜《よろ》しく厳にして恕《じょ》なるべし。

叱ると同様、教え諭すことは難しい。筆者の場合は、「○○さんともあろう人が……」と、相手のプライドを傷つけないようにしている。

子どもを教え諭すときは、あれこれと苦言をいうことはない。「ウソをつくな！」の一言でよい。これが最も大切なことである。

◆第一六二条　小児《しょうじ》を訓《おし》うるには、苦口《くこう》を要《よう》せず。只《た》だ須《すべか》らく欺《あざむ》く勿《なか》れの二字《じ》を以《もっ》てすべし。是《こ》れを緊要《きんよう》と為《な》す。

橘曙覧が子どもたちに残した三訓。「ウソつくな、躯《からだ》だわるな、物ほしがるな」。躯だわるなとは、骨身を惜しむなということである。

◆第一六九条　我《わ》れ恩《おん》を人《ひと》に施《ほどこ》しては、忘《わす》る可《べ》し。我《わ》れ恵《めぐみ》を人《ひと》に受《う》けては、忘《わす》る可《べ》からず。

自分が恩を人に施した場合は、忘れてしまうがよい。逆に、自分が恩を受けた場合は、決して忘れてはならない。

昔、恩を受けた人は、たとえ自分がいかなる地位にいようと、疎遠《そえん》に

してはいけない。また、新しく知り合った人とは、あまりなれなれしくしてはいけない。

◆第一七二条　旧恩《きゅうおん》の人《ひと》は、疏遠《そえん》す可《べ》からず。新知《しんち》の人《ひと》は、過狎《かこう》す可《べ》からず。

前一六九条とともに「恩恵」を戒めたものだが、凡人はなかなかこれができない。自戒するところである。

「忠」の字は誠、真心という意味である。この真心であるかどうかを自分に責めるのはよいが、他人を責めてはならない。「恕」は思いやりということで、これは人に施すべきことで、自分に思いやりをかけてはならない。

◆第一八七条　忠《ちゅう》の字《じ》は宜《よろ》しく己《おの》れに責《せ》むべし。諸《こ》れを人《ひと》に責《せ》むること勿《なか》れ。恕《じょ》の字《じ》は宜《よろ》しく人《ひと》に施《ほどこ》すべし。諸《こ》れを己《おの》れに施《ほどこ》すこと勿《なか》れ。

「忠・恕」の説明であるが、これを「仁」という。儒教思想の根幹をなすもので、仏教の慈悲、キリスト教の愛に相当する。

◆第二〇二条　雅事《がじ》は多《おお》く是《こ》れ虚《きょ》なり。之《こ》れを雅《が》と謂《い》いて之《こ》れに耽《ふけ》ること勿《なか》れ。俗事《ぞくじ》は却《かえ》って是《こ》れ実《じつ》なり。之《こ》れを俗《ぞく》と謂《い》いて之《こ》れを忽《ゆるがせ》にすること勿《なか》れ。

風流ごと（お稽古ごと）の多くは虚飾である。これを雅であるなどといって没頭してはならない。また、日常の俗事は生活に必要な実用であって、これを俗だといってあなどってはならない。

自分が要求しないで得られる名誉は、その人の実績によるものである。自分がめつく要求しないで得られる利益は、正しく行った成果である。このような名誉と利益は遠慮すべきものではない。ただ、みずから名誉を求めたり、利益をむさぼるというのは、弊害をもたらすだけである。

◆第二〇五条　名《な》の干《もと》めずして来《きた》る者《もの》は、実《じつ》なり。利《り》の貪《むさぼ》らずして至《いた》る者《もの》は、義《ぎ》なり。名《めい》利《り》は厭《いと》う可《べ》きに非《あら》ず。但《た》だ干《もと》むると貪《むさぼ》るとを之《こ》れ病《やまい》と為《な》すのみ。

怠けてぶらぶらしている人を見て、悠然としている人と見誤ってはならない。厳しく叱っているのを見て、一本気で正直な人と思ってはいけない。私利私欲で頑張っている人を見て、志の実現を果たしている人と見てはならない。

◆第二一〇条　遊惰《ゆうだ》を認《みと》めて以《もっ》て寛裕《かんゆう》と為《な》すこと勿《なか》れ。厳刻《げんこく》を認《みと》めて以《もっ》て直諒《ちょくりょう》と為《な》すこと勿《なか》れ。私欲《しよく》を認《みと》めて以《もっ》て志願《しがん》と為《な》すこと勿《なか》れ。

人から中傷されようが誉められようが、得しようと損しようと、そんなものは人生の雲や霧のようなものである。ましてや、このようなもので心を暗くし、道を迷ってはつまらない。この雲や霧をさらりと払いのければ、よく晴れた青空のように人生は明るいものとなる。

◆第二一六条　毀誉得喪《きよとくそう》は、真《しん》に是《こ》れ人生《じんせい》の雲霧《うんむ》なり。人《ひと》をして昏迷《こんめい》せしむ。此《こ》の雲霧《うんむ》を一掃《そう》すれば、則《すなわ》ち天青《てんあお》く日白《ひしろ》し。

見る人の　心ごころに　まかせおきて　高根に澄める　秋の夜の月

新渡戸稲造

晴れてよし　曇りてもよしの　富士の山　もとの姿は　変わらざりけり

山岡鉄舟

毀誉褒貶は世の常、責任は我にあり、である。

真の勇者は慎み深いので臆病のようであり、真の知恵者はよく考えるから愚者のようであり、真の才人はその才能を隠しているので愚鈍のようであり、真の巧者は素人目にはわからないので、かえって下手のように見える。

◆第二三九条　真勇《しんゆう》は怯《きょ》の如《ごと》く、真智《しんち》は愚《ぐ》の如《ごと》く、真才《しんさい》は鈍《どん》の如《ごと》く、真巧《しんこう》は拙《せつ》の如《ごと》し。

良寛は大愚と呼ばれ、信長はうつけ者と呼ばれていた。

中国の歴史上で尭帝・舜帝の政治は理想的とされたが、それは人情の機微に精通していたからだ。極言するなら、万物を一体ならしめるものは、情を推し広げたもの以外の何物でもないからである。

◆第二五一条　唐虞《とうぐ》の治《ち》、只《た》だ是《こ》れ情《じょう》の一字《じ》のみ。極《きわ》めて之《こ》れを言《い》えば、万物《ばんぶつ》一体《たい》も、情《じょう》の推《すい》に外《ほか》ならず。

一国の大臣たる者は、いたずらに既成の法律にとらわれて、臨機応変に事を処理することを知らなければ、大臣の務めは果たせない。時間的にも昔と今の違いがあり、事柄にも重い軽いの差がある。大事なことは、法律の精神は守らなければならないが、よくそれを運用し、運用しながら法律の範囲を脱しないということである。このような者を道を得た者という。

◆第二五八条　凡《およ》そ宰臣《さいしん》たる者《もの》、徒《いたずら》に成法《せいほう》に拘泥《こうでい》して、変通《へんつう》を知《し》らざれば、則《すなわ》ち宰臣《さいしん》の用《よう》無《な》し。時《とき》に古今《ここん》有《あ》り。事《こと》に軽重《けいちょう》有《あ》り。其《そ》の要《よう》は守《まも》る所《ところ》有《あ》りて能《よ》く通《つう》じ、通《つう》ずる所《ところ》有《あ》りて能《よ》く守《まも》るに在《あ》り。是《こ》れ之《こ》れを得《え》たりと為《な》す。

この条は上に立つ者すべてにいえることで、法律、マニュアルの奴隷になることを戒めている。忠臣蔵だって法律的解釈だけなら、単なる殺人集団にすぎないではないか。

役所では、自分の家のことなど話してはならない。また、自分の家では役所であったことなど話してはならない。公私の区別は公務員たる者の最低限の務めである。

◆第二六四条　官署《かんしょ》に在《あ》りては、言《げん》の家事《かじ》に及《およ》ぶを戒《いまし》む。家《いえ》に在《あ》りては、則《すなわ》ち一に官事《かんじ》を洩《もら》すこと勿《なか》れ。公私《こうし》の弁《べん》は仕《つか》うる者《もの》の大戒《だいかい》なり。

遠方へ行こうとするとき、ややもすれば正規のルートを外れて、近道を選んだりするが、結局は道に迷って遅れることがある。バカな話だ。人生行路でも、これに類することが多いので、とくに記しておく。

◇第二六六条　遠方《えんぽう》に歩《ほ》を試《こころ》みる者《もの》、往往正路《おうおうせいろ》を舍《す》てて捷径《しょうけい》に趨《おもむ》き、或《あるい》は繆《あやま》りて林莽《りんもう》に入《い》る。嗤《わら》う可《べ》きなり。人事多《じんじおお》く此《こ》れに類《るい》す。特《とく》に之《こ》れを記《しる》す。

正規のルートがある以上、近道をしない、これは人生の鉄則である。近道は得したようで結局は損をする。

智・仁・勇は、「あまりにも大きな徳目で凡人には望むべくもない」と敬遠する者がいる。だが、たとえば村長は、村民と親しむのが職務なのだから、悪事を探して調べる知恵、孤児ややもめ暮らしで恵まれない者への仁、悪者をこらしめる勇気、これらの三徳が行われているかどうかを反省したらよい。敬遠するより、身近な日常のことから試みることである。

◆第二六七条　智仁勇《ちじんゆう》は、人皆謂《ひとみない》う、「大徳《たいとく》にして企《くわだ》て難《がた》し」と。然《しか》れども凡《およ》そ邑宰《ゆうさい》たる者《もの》は、固《もと》と親民《しんみん》の職《しょく》たり。其《そ》の奸慝《かんとく》を察《さっ》し、孤寡《こか》を矜《あわれ》み、強梗《きょうこう》を折《くじ》く。即《すなわ》ち是《こ》れ三徳《とく》の実事《じつじ》なり。宜《よ》しく能く実迹《じっせき》に就《つ》きて以《もっ》て之《こ》れを試《こころ》むれば、可《か》なり。

『中庸』に、「智仁勇の三者は天下の達徳なり」という。天下の達徳とは誰もが修めるべき徳ということだ。

身体でいえば年寄りと若者の区別はあるが、精神的なことには差はつけられない。体の働きには老若の違いはあるが、道理を行ったり考えたりするのには関係ない。だから、このような差にこだわらずに、永遠に変わらない道理を体得していかねばならない。

◇第二八三条　身《み》には老少《ろうしょう》有《あ》れども、而《しか》も心《こころ》には老少《ろうしょう》無《な》し。気《き》には老少《ろうしょう》有《あ》れども、而《しか》も理《り》には老少《ろうしょう》無《な》し。須《すべか》らく能《よ》く老少《ろうしょう》無《な》きの心《こころ》を執《と》りて、以《もっ》て老少《ろうしょう》無《な》きの理《り》を体《たい》すべし。

西郷が『南州手抄言志録』の最終条にこれを記したことは興味深い。最後に、老人たちの誰もが励まされるサミュエル・ウルマンの「青春」という詩を掲げておく。

青　春

青春とは人生のある期間ではなく、心の持ち方をいう。
薔薇のまなざし、紅の唇、しなやかな肢体ではなく、たくましい意志、豊かな想像力、燃える情熱をさす。青春とは人生の深い泉の清新さをいう。

　青春とは怯懦を退ける勇気、安易を振り捨てる冒険心を意味する。ときには、二〇歳の青年よりも六〇歳の人に青春がある。年を重ねただけで人は老いない。理想を失うとき初めて老いる。

　歳月は皮膚にしわを増すが、情熱を失えば心はしぼむ。苦悩・恐怖・失望により気力は地に這い、精神は芥《あくた》になる。


六〇歳であろうと一六歳であろうと人の胸には、感動に魅了される心、おさな児のような探求心、人生への興味の歓喜がある。君にも我にも見えざる天の心にある。人から神から美・希望・喜悦・勇気・力の霊感を受ける限り君は若い。

　霊感が途絶え、精神が皮肉の雪におおわれ、悲嘆の氷にとざされるとき、二〇歳であろうと人は老いる。頭を高く希望の声を聞く限り、八〇歳であろうと人は青春である。


【注】この詩は、電力王といわれた松永安左ヱ門の訳が最初にあり、それに刺激を受けた作山宗久（実業家）氏が、詩のオリジナル作品と作者を求めてアメリカまで旅立ち、やっと

探し当てたという経緯がある。本書の訳は作山氏訳に少しだけ筆者が補筆した。

人間の一生は、二十歳から三十歳まではちょうど、立ち昇る太陽のようなものだ。四十歳から六十歳までは、まるで日中の太陽のようで働き盛りの年代である。立派な徳を立て、大業を成すのはこの時代である。七十歳から八十歳までは心身ともに衰えて、仕事は思うようにはかどらない。あたかも西に沈まんとする太陽のようで、もう何事もなすことができない。だから、元気旺盛な若者は、勉強すべきときに大いに努力して、大きな仕事をなし遂げるがよい。年老いてから「日暮れて道遠し」と嘆くことのないように。

◆第三二八条

人生《じんせい》は二十より三十に至《いた》る、方《まさ》に出《い》ずるの日《ひ》の如《ごと》し。四十より六十に至《いた》る、日中《にっちゅう》の日《ひ》の如《ごと》く、盛徳大業《せいとくたいぎょう》、此《こ》の時候《じこう》に在《あ》り。七十八十は、則《すなわ》ち衰頽蹉跎《すいたいさだ》して、将《まさ》に落《お》ちんとする日《ひ》の如《ごと》く、能《よ》く為《な》す無《な》きのみ。少壮者《しょうそうしゃ》は宜《よろ》しく時《とき》に及《およ》びて勉強《べんきょう》し以《もっ》て大業《たいぎょう》を成《な》すべし。遅暮《ちぼ》の嘆《たん》或《あ》ること罔《な》くば可《か》なり。

有名な陶淵明《とうえんめい》の「勧学」を掲げておく。

盛年《せいねん》重ねて来たらず
一日再び晨《あした》なり難し
時に及んで当に勉励すべし
歳月は人を待たず

ついでに親鸞上人の歌。

明日ありと思ふ心の仇桜《あださくら》
夜半に嵐の吹かぬものかは

編訳者あとがき

●——私と『言志四録』との出会い

『言志四録』との出会いは三十代半ばのころであったと思う。当時、私は神一行《じんいっこう》の名でジャーナリストをやっていて、主なテーマは〝日本の権力構造の分析〟だった。その中の一つに『総理大臣の椅子』（現在、『総理大臣という名の職業』と改題して角川文庫から発刊）という本があり、時の総理大臣だった大平正芳首相を取材した。

もちろん、時の首相に一介のジャーナリストが単独で会うことは許されていなかったので、取材に応じてくれたのは首席秘書官だった森田一《はじめ》氏（現・自民党代議士、元運輸大臣）だった。

ある日、森田氏との取材の中でこんな会話があった。「大平首相の座右の書はなんですか」と私が問うと、「大平は読書家なので中国古典の『論語』『孟子』『十八史略』なども好きですが、日本のものとしては『日暮硯《ひぐらしすずり》』と『言志四録』でしょう」との答えが返ってきた。恩田木工《おんだもく》の『日暮硯』は知っていたが、『言志四録』の名は初めてだった。「どんな本ですか」というと、「自分を高め、指導者としての心得を学ぶには、やはり『言志四録』が一番でしょう」と教えてくれた。

私は、早速『言志四録』を買い求め読んでみた。だが、当時の私には、「編訳者まえがき」で述べた田中真紀子女史と同じように、「古くさい訓話」としてしか映らなかった。そのころの日本はバブル期の途上にあり、私もまだ三十代で、中国古典や日本の思想史などまったくといってよいほど興味が湧かなかったのだ。

やがて一九九〇年代に入り、バブルが文字通り泡と消えたとき、私は体調を崩したこともあって、ある出版社にスカウトされたのを機に、仕事をジャーナリストから編集責任者へと変えていた。そして、このとき初めて私は上に立つ者としての統率力や指導力、いやそれ以前の「人間学」の大事さをイヤというほど知らされることとなった。というのも、フリーのジャーナリストというのは上司も部下もいるわけではなく、記事や単行本そのものが商品であり、それはあくまでも自己責任で処理できたからである。

だが、組織の長として多くの部下を抱え、指導する立場ともなると、わがまま勝手は許されず、部下を納得させ指導するには、それなりの「リーダー学」が求められ、それ以前に「修己治人」が必要であった。すなわち、まずは自分の人間性を高め、そののち人を感化できるというもので、遅ればせながら、やっとこの年齢（四十代）になって人間学や指導力の必要性を痛感したのだった。

そして〝自分を磨く〟という人間学の中で、最も強力な助っ人となってくれたのが、この『言志四録』だったのである。

ジャーナリストのときは話を引き出すために、なかば高圧的で強引な質問も必要とされたが、部下を掌握しリードするには、本文で述べてあるように、まずなによりも『言志四録』でいうところの「敬」が必要であった。一方、「傲」がいかに敵をつくり、身を滅ぼすものかということも、上に立てば立つほど思い知らされた。あるいは人との応接辞令は「春風秋霜」であることを知り、仕事は「天を相手にしている」ことだと学んだ。

いわば私の人間修養としての勉強は、『言志四録』との出会いがあったからだ、といっても過言ではないのである。

●——昔の人といまの人との学問の違い

『言志四録』を読んでいて、つくづく感じることは、江戸時代の人々とわれわれ現代人とでは、人間の鍛え方というか、教育や学問に対する姿勢が根本的に違っていた、ということである。

たとえば、日本資本主義の父といわれた渋沢栄一は、江戸期の学問を受けた一人だが、その彼が若いころの思い出を語った『雨夜譚《あまよがたり》』（岩波文庫）によると、彼は五歳のころから「四書」（『論語』『孟子』『大学』『中庸』）を読み、次いで十五、六歳までに「五経」（『易経』『書経』『詩経』『礼記』『春秋』）、さらに『小学』『史記』『十八史略』『文選』などの中国古典を読破したとある。

支配階級の武士家系なら当然ともいえるが、彼は上農クラスの出身である。でありながら、これだけの教養を身につけていたのである。

現在の政治家や経済人で、これらの本を読んだことのある者は何人いるだろうか。もちろん、私自身も名前ぐらいは知っていたが、読んだことはなかった。私の大学時代は世にいう〝全共闘世代〟だったので、読む本は左翼系の本か西洋哲学が主で、日本の思想書や中国古典など、頭から「古くさいもの」として敬遠していたのである。

だが、この戦後教育は大きな間違いだったといってよい。すでに『言志四録』を読んで、お気づきになったであろうが、じつは昔の学問といまの勉強とでは、中身がまったく違っていたということである。

「東洋の道徳・西洋の芸術（技術）の一致」を唱えたのは佐久間象山であったが、要するに学問には「道」と「芸」があり、「道」とは自分自身を鍛える人徳形成であり、「芸」とは食うための技術を磨くことである。つまり、「道」とは哲学、思想、文学といった人間や人生を探求する学問であり、「芸」とは法律、科学、医学、芸術といった知識を売りものにする学問のことである。

この二つが両立して本来の学問なのであるが、現代のわれわれは就職に便利だからと「芸の学問」だけを学び、人徳を磨く「道の学問」はどこかに忘れ去られてきたのである。

それゆえに戦後教育は、受験テクニックだけの知識偏重教育となり、これを勉強と称してきたのであった。『言志四録』がくどいほど述べている人間を磨く学問（徳育）など、まったくないがしろにされてきたのだ。人間学の教育が忘れ去られれば不道徳な人間ができるのは当たり前で、その結果として、連日のマスコミを騒がせている非人道的な事件が派生し、「上に立つ者」ですら、私利私欲のためには平気で不正や不祥事を起こす人々が登場しているのである。

江戸中期の儒学者である三浦梅園は「知識というものは、それを学んだ者の心に同化し、かつその人の性質に表れるときのみ真の知識となる」と語っているが、今日のわれわれは頭（知識）のみ学べばそれでよしとして、心（人格）を鍛えるための教育などしてこなかったのである。

この学問の違いを知るには、学歴エリートといわれたオウム真理教の幹部と、英語や科学などまったく知らなかった維新の英傑たちとの差を思い浮かべてもらえば十分だろう。

●――「志」とは何か

ところで、『言志四録』には「志」という言葉が何度も登場するが、では、改めて「志とは何か」と問われて、即座に答えられる人はどれほどいるだろう。どうも誤解されているところがあるので、蛇足ながらあえて記しておく。

多くの人は、この「志」を「立身出世すること」と思っているようだが、これは間違いである。たしかに志を持った結果として立身出世する場合もあるが、それは結果であって、本来の意味は「心の立派な人になろうとする意志」のことである。

『言志四録』の書名となったといわれる出典の『論語』でも、子路に問われた孔子が「老人には安心されるように、友達には信じられるように、若者には慕われるように」と述べているように、決して大望を抱けとか、立身出世しろなどとはいっていない。同様に、内村鑑三は志として「高尚なる生き方」を説いたし、中江藤樹は「真の人、君子にならんがため」としている。

では、「志」が野望や立身出世と勘違いされたのはなぜなのか。じつは明治期に伝わったクラーク博士の有名な「少年よ、大志を抱け」のフレーズが曲解されているからである。

現に今日でも、これを野心と受け取って〝末は博士か大臣か〟の意味で使っている人もいるが、じつは「大志を抱け」のあとには、「それは金銭や利己的誇示のためではなく、また世の人々が名声と呼ぶような虚しきものに対してでもない。すなわち人間が人間として当然身につけるべきことを達成せんがための大志を持つべきである」と続くのである。

要するにクラーク博士がいわんとしたことは、われわれ俗人が志と思っている、出世とか名声とか金持ちとか、そのようなものとは関係なく、キリスト教でいうところの「愛と献身」を身につけた尊い人になれということであった。

したがって、『言志四録』に書かれた志も、その文脈に沿って「目標・目的・決意・決心」などに置き換えるのはまだ許されるが、立身出世や金持ちになるのとはまったく関係ない「志」であることを明記しておきたい。そうでないと、『言志四録』の中身を読み違えてしまうことになる。

●──西郷を支えた『言志四録』

さて、「編訳者まえがき」でも少し述べたが、『言志四録』は西郷隆盛の座右の書であった。

西郷は薩摩藩主・島津斉彬《なりあきら》に登用されて世に出たのだが、その斉彬の急死のあと、藩の実権を握った島津久光からは疎んじられた。その証が二度にわたる遠島の刑である。一度目は安政五年（一八五八年）の奄美大島へ約三年。だが、その刑が晴れて帰藩すること四カ月、またまた久光の逆鱗に触れて、文久二年(一八六二年)六月、徳之島へ。次いで、さらに辺鄙な離れ小島の沖永良部島へ送られた。ここは死刑に次ぐ重罪人を流すところで、生きては帰れないところとされた。三十六歳のときである。

四面が松の丸太で格子状に組まれた粗末な茅葺きで、壁もなく吹きさらしの獄舎だった。風雨は容赦なく吹き込み、日中は炎天下にさらされ、嵐のときは生きた心地がしなかったであろう。だが、この生き地獄の中で西郷は持参した『伝習録』『春秋左氏伝』『韓非子』『孫子』など、行李《こうり》三個分の書物を読破したのだった。

そうした書物の中で西郷が最も愛したのが、この『言志四録』だったのである。おそらく萎えてしまう心を佐藤一斎の言葉が幾度となく救ったのだろう。そこで西郷は『言志四録』の中から自分の気に入った文章を一〇一条抜き書きした。それが明治二十一年になって、後人の手によって『南州手抄言志録』として出版されたのである。

西郷が存在しなければ、明治維新は十年遅れていただろうというのが歴史家の通説だから、『言志四録』は生き地獄の中で西郷を救ったばかりか、明治維新を成し遂げた運命の書ということができる。この本はそれほど価値あるものなのである。

西郷と平成のわれわれではその精神構造において格段の差があるが、せめてこの「志」の一部でも胸中に秘め、滅び行く日本の伝統的精神を想起し、〝一灯照隅〟の心意気で生きたいものである。拙訳した本願はこの一点に尽きる。

最後に、本書の出版にあたり惜しみない援助を与えてくれたＰＨＰ研究所学芸出版部の藤木英雄氏に心から謝辞を申し上げる。

岬　龍一郎

言志四録【出典目録】

Ⅰ　言志録

Ⅱ　言志後録

Ⅲ　言志晩録

Ⅳ　言志耋録

装丁：石間　淳

<編訳者略歴>

岬　龍一郎（みさき　りゅういちろう）

1946年生まれ。作家・評論家。早稲田大学を経て、情報会社・出版社の役員を歴任。退職後、著述業のかたわら、人材育成のために「人間経営塾」を主宰。国家公務員・地方公務員幹部研修、大手企業研修などの講師を務め、「人の上に立つ者の人間学」を説いている。

著書に、『いま、なぜ「武士道」か』『内村鑑三の「代表的日本人」』『「日本の名著」を読む』（以上、致知出版社）、『新・武士道』（講談社＋α新書）、『新渡戸稲造　美しき日本人』（KKベストセラーズ）、『教師の哲学』『学問のすすめ〈訳書〉』（以上、PHP研究所）、『武士道〈訳書〉』（PHPエディターズ・グループ）など多数。

[現代語抄訳] 言志四録

2005年6月10日　第1版第1刷発行
2022年4月26日　第1版第24刷発行

著者　佐藤一斎
編訳者　岬龍一郎
発行者　永田貴之
発行所　株式会社PHP研究所
東京本部　〒135-8137 江東区豊洲5-6-52
第一制作部　☎03-3520-9615（編集）
普及部　☎03-3520-9630（販売）
京都本部　〒601-8411 京都市南区西九条北ノ内町11
PHP INTERFACE　https://www.php.co.jp/
印刷所　図書印刷株式会社
製本所　株式会社大進堂

ISBN4-569-64258-6